Salvatore Gaia

IL MEDIATORE IMMOBILIARE

Come diventare un Mediatore Abile

e stimato nel Lavoro

Titolo

"IL MEDIATORE IMMOBILIARE"

Autore

Salvatore Gaia

Editore

Bruno Editore

Sito internet

www.Autostima.net

ATTENZIONE: investire in immobili è rischioso

Le strategie riportate in questo libro sono frutto di anni di studi e specializzazioni, quindi non è garantito il raggiungimento dei medesimi risultati economici. I risultati passati ottenuti dall'autore non forniscono alcun tipo di garanzia per i guadagni futuri.

Il lettore si assume piena responsabilità delle proprie scelte economiche e finanziarie, consapevole dei rischi connessi a qualsiasi forma di investimento in immobili.

I casi di studio e gli esempi contenuti nel testo sono frutto di notizie e opinioni che possono essere modificate in qualsiasi momento senza preavviso e non costituiscono sollecitazione all'acquisto o alla vendita di immobili e al pubblico risparmio.

L'unico scopo è di fornire elementi di studio sull'andamento del mercato immobiliare, pertanto non possono essere considerate come previsioni certe e non mettono al riparo dal rischio insito nelle operazioni di investimento in immobili.

L'Autore e l'Editore declinano ogni responsabilità su eventuali inesattezze dei dati riportati, danni, perdite economiche, danni diretti o indiretti derivanti dall'uso o dalla divulgazione delle informazioni contenute in questo libro.

Sommario

Introduzione

A ogni agente immobiliare è capitato almeno una volta di dover concedere uno sconto al momento di incassare le provvigioni. Sempre più spesso alla conclusione delle trattative i clienti hanno delle rimostranze da fare e non sono pienamente soddisfatti di come è stata gestita la vendita della loro casa e, pur avendo ottenuto, un buon risultato hanno la sensazione che si poteva fare qualcosa di più! Ti è mai capitato?

Svolgo questa professione da otto anni e ho soddisfatto le esigenze di oltre duecento famiglie. Nel corso degli anni ho scoperto l'importanza di dare attenzione alle persone: i clienti che si rivolgono alle agenzie hanno delle necessità specifiche, un carico emotivo elevatissimo e si aspettano che il professionista al quale si sono rivolti li aiuti a portare a termine la trattativa alleviandoli dalle sofferenze e dalle preoccupazioni.

Spesso, invece, il servizio non viene percepito, il lavoro che il funzionario dell'agenzia svolge passa del tutto inosservato, con il risultato che, pur avendo venduto, il cliente è insoddisfatto e quindi chiede lo sconto al momento di pagare la provvigione, peggio ancora quando cerca di aggirare l'agenzia, concludendo direttamente la trattativa con l'acquirente.

Saresti contento di avere dei clienti fidelizzati che ti avvisano se l'acquirente cerca di scavalcarci? Ti piacerebbe incassare le provvigioni senza dover concordare sconti dopo aver concluso felicemente una trattativa? Ti farebbe piacere ricevere i sentiti ringraziamenti dai clienti il giorno dell'atto per averli aiutati a risolvere il grosso problema di cambiare casa? Ti sentiresti gratificato dal ricevere segnalazioni di persone che devono vendere o comprare casa da clienti che sono rimasti soddisfatti del tuo operato? Non sono utopie: tutto questo si può ottenere. Come? Ci sono vari modi per arrivarci.

Il primo è sicuramente quello di prestare attenzione ai nostri clienti considerandoli delle persone. Prima che al loro immobile diamo attenzione a chi ci incarica di venderlo.

Nelle prossime pagine analizzeremo alcuni avvenimenti realmente accaduti, che ci permetteranno di focalizzarci su quelle che sono le aspettative del cliente acquirente, quelle del cliente venditore (spesso diametralmente opposte alle prime) e quello che è il ruolo del mediatore.

Ruolo sempre più importante, sia per le continue complicazioni, giuridiche, che impongono sanzioni amministrative e pecuniarie in caso di errori, sia perché mentre una volta gli accordi si raggiungevano e suggellavano con una stretta di mano, oggi è importantissimo effettuare verifiche e prendere accorgimenti affinché le due parti rispettino gli accordi e vendano l'immobile rispettando la normativa edilizia e urbanistica.

Il cliente **non** ha sempre ragione. Però ci vogliono preparazione e dati oggettivi per dimostrarlo affinché si convinca della bontà delle nostre teorie.

In un momento in cui gli immobili in vendita superano di gran lunga le richieste, è importante avere immobili vendibili e per fare ciò bisogna avere dei dati certi, delle statistiche, e bisogna fare molta attenzione a quelle che sono le banche dati di clienti acquirenti. Bisogna sapere dove trovare gli acquirenti, studiare e mettere in atto piani di promozione personalizzati, non ci si può improvvisare.

In un momento in cui l'informazione è alla portata di tutti con un semplice click del mouse la differenza la fanno le informazioni che siamo in grado di fornire ai nostri clienti. Essi ci pagheranno infatti per le informazioni di cui disponiamo, senza le quali non sarebbero in grado di sapere se hanno venduto (o acquistato) una casa al giusto prezzo e se la loro casa è vendibile.

Se ci sono problemi burocratici, un privato quanto tempo e quanti soldi dovrebbe spendere per risolverli? Sempre che scopra in tempo l'esistenza di tali problemi...

E se si arriva all'atto e non si può concludere la trattativa, quali possono essere le conseguenze per il venditore? Quali i disagi per l'acquirente?

Svolgere la professione dell'agente immobiliare non è attendere che i clienti bussino alla tua porta: al contrario, bisogna svolgerla coscientemente, consapevoli che stiamo gestendo i risparmi di una famiglia. Dietro a una compravendita ci sono mediamente trenta anni di mutuo: una trattativa gestita superficialmente potrebbe creare disagi e costi anche elevati alle parti che intervengono nella trattativa.

Per quale motivo i clienti hanno la necessità di rivolgersi alle agenzie immobiliari? Solo quando viene percepito il valore aggiunto che il professionista offre il cliente è soddisfatto e paga volentieri le provvigioni.

Spesso capita che il cliente si renda conto che senza l'agente immobiliare l'acquisto e/o la vendita della sua casa sarebbe stato un grosso problema, e invece è stato tutto gestito nel migliore dei modi facendo coincidere i tempi, organizzando il trasloco, trovando i tecnici disponibili per risolvere le pratiche catastali e le aziende per i lavori di ristrutturazione, facendo ottenere il mutuo.
Utopia? Assolutamente no, solo questione di organizzazione: i clienti sono sempre più informati e percepiscono il valore di un serio professionista. Quando ne trovano uno si affidano a lui

completamente, senza discutere sulle provvigioni e segnalandolo ai propri conoscenti, creando per il professionista stesso altro guadagno.

Lavorare in maniera coscienziosa e organizzata aumenta le soddisfazioni, permette di lavorare di meno e di ottenere maggiori risultati, quindi migliora in maniera considerevole la qualità della vita del professionista stesso.

Il seguente aneddoto è una dimostrazione pratica di come un lavoro organizzato e coscienzioso permette di ottenere ottimi risultati con il minimo impegno.

Nel 2002 lavoravo a Novara, e un cliente si innamorò di una casa indipendente che avevo da vendere. La casa in questione era proposta a un prezzo equo per il mercato di allora: infatti, dopo solo una settimana di gestione, c'erano già due acquirenti interessati. Uno dei quali proprio il cliente di cui sopra.

L'immobile in questione era disabitato e quindi i proprietari desideravano vendere a un cliente che potesse andare al rogito in un tempo breve. Il cliente, quindi, ha dovuto fare un'offerta prevedendo di rogitare entro due mesi dal compromesso: qui però iniziarono le difficoltà.

La prima era rappresentata dal fatto che per perfezionare l'acquisto, oltre a chiedere un mutuo, l'acquirente aveva la necessità di vendere il proprio alloggio, trovando però a propria volta un acquirente che potesse rogitare entro due mesi.

La seconda difficoltà era rappresentata dal fatto che, prima di entrare nella nuova, casa il cliente doveva affrontare alcuni lavori di ristrutturazione, il tutto prima dell'atto notarile, perché in tale data avrebbe dovuto consegnare il proprio immobile per avere il denaro per effettuare il saldo dell'acquisto e per poter usufruire delle agevolazioni statali acquistando come prima casa.

Prima di procedere con la narrazione desidero che vi soffermiate sull'aspetto emotivo delle parti in causa. Il venditore in questo caso aveva la volontà di vendere in tempi brevi e, avendo accettato un'offerta, era tranquillo.

L'acquirente, invece, si trovava in una situazione emotiva di elevato stress: aveva versato una cospicua caparra per avere la possibilità di effettuare i lavori di ristrutturazione prima dell'atto notarile, aveva messo in vendita il proprio alloggio e non aveva alcuna certezza di riuscire a vendere prima di dell'atto.

Anche se trovava l'acquirente in tempo, quest'ultimo sarebbe stato pronto a rogitare in così breve tempo? Provate a mettervi nei suoi panni: quali pensieri avranno affollato la sua mente?

Posso dire che mi sono appassionato alla vicenda e con la collaborazione del cliente abbiamo affrontato la situazione nel seguente modo: per prima cosa ho effettuato la valutazione dell'appartamento da vendere, mettendolo subito in vendita al prezzo più basso senza doverlo però svendere. Poi ho iniziato a proporre l'alloggio a tutti i clienti che avevano lasciato una richiesta simile e che potevano rogitare in tempi brevi.

Contemporaneamente, abbiamo avviato la pratica di mutuo e contattato alcune ditte per i lavori di ristrutturazione. Inoltre, è stato prenotato il trasloco per il giorno dell'atto, facendo in modo che tutto fosse perfettamente organizzato.

Naturalmente i contatti con il cliente erano quasi quotidiani: tenerlo informato di ogni sviluppo è stato necessario per farlo sentire seguito e abbassare il livello di stress.

L'acquirente per l'appartamento è stato trovato in quindici giorni ed ha accettato di rogitare nei tempi necessari, così siamo riusciti a portare a termine l'operazione e tutto si è svolto nel migliore dei modi.

Il giorno dell'atto il cliente ha pagato due provvigioni, una per la vendita dell'appartamento e una per l'acquisto della casa, ma la cosa più importante è stata che era sinceramente grato per l'aiuto ricevuto: da solo non sarebbe mai stato in grado di gestire tutto e di portare a termine l'operazione.

Inoltre, avendo gestito personalmente le aziende, ho consolidato e creato collaborazioni commerciali con addetti ai lavori che lavorano ogni giorno con clienti che comprano o vendono immobili, e che successivamente mi hanno segnalato operazioni interessanti.

Un guadagno immediato è stato il fatto che essendo io il coordinatore ho potuto risparmiare molto tempo perché dettavo io i tempi degli appuntamenti e non dovevo correre dietro alle aziende, come spesso succede quando a gestirle è il cliente in prima persona.

Il doppio risultato è che il cliente percepisce un servizio a 360 gradi e si sente coccolato e seguito con una conseguente fidelizzazione totale. Ancora oggi, a distanza di anni, quel cliente mi manda clienti ogni volta che un suo conoscente ha necessità di vendere o comprare casa.

Per me, con questi clienti ai quali vengo caldamente raccomandato, è facilissimo prendere incarichi in esclusiva e lavorare con una provvigione più alta della media locale, perché vengo presentato così bene che non ho bisogno di conquistare la loro fiducia.

Io, dal canto mio, ho investito del tempo per quell’operazione, ma ritengo di averne tratto un vantaggio maggiore dell'impegno stesso, perché il cliente seguito con impegno non solo mi ha permesso di portare a termine due trattative, ma non mi ha mai assillato con telefonate o visite stressanti, e tutti sappiamo quanto siano impegnativi i clienti che ti chiamano perché non si sentono seguiti.

Il fatto è che essi hanno ragione: hanno delle esigenze e siccome ci pagano pretendono di essere seguiti, mentre nella maggior parte dei casi noi ci dimentichiamo proprio quest'importantissima parte e non teniamo adeguatamente informati i clienti di ciò che facciamo per loro.

GIORNO 1:
Come avviare la propria impresa

La professione dell'agente immobiliare è vasta e complessa: sempre di più la legislazione impone vincoli e doveri ai mediatori, i quali spesso sono troppo presi dalle attività per concentrarsi su come si gestisce un'azienda.

La prima cosa che ogni agente immobiliare deve imparare, invece, è proprio quella di considerarsi un'impresa, comportarsi e agire come tale. Nessun professionista è in grado di emergere e di ottenere risultati eccellenti se non pensa come un imprenditore.

Ho conosciuto ottimi agenti immobiliari che continuavano da anni a ottenere risultati mediocri, faticando a volte ad arrivare a fine mese. Eppure concludevano parecchie trattative e avevano momenti di vero benessere che si alternavano, però, a momenti di forte crisi. Questo proprio perché gestivano la propria attività come dei lavoratori dipendenti e non come degli imprenditori. Ma come si fa a gestire la libera professione come un'impresa? È proprio quello andremo a vedere nel prossimo Giorno, è il primo passo della professione ed è di vitale importanza.

SEGRETO n. 1: anche il miglior agente immobiliare nel lungo periodo deve arrendersi alle difficoltà economiche se non è in grado di gestire la propria attività.

Il primo passo per ogni imprenditore è avere ben chiaro quello che vuole ottenere e cosa vuole diventare. Per fare questo deve quindi sapere chi è, ed è proprio questo il passaggio fondamentale che deve essere ben assimilato e compreso.

La prima domanda che un individuo deve porsi quando decide di aprire la propria attività è: «Chi sono?» Ognuno otterrà da se stesso la propria risposta. È però indispensabile che si ponga la domanda. Altrettanto importante è prendersi il tempo necessario a ottenere da se stessi la risposta.

Ancora più importante è decidere di non proseguire se non si è ottenuta una risposta soddisfacente. In prima persona ho sperimentato quanto sia disastroso avviare un'attività senza avere piena coscienza di se stessi, e questo perché è impossibile pianificare strategie e piani d'azione se non si sa da quale posizione si parte.

SEGRETO n. 2: è vitale avere piena consapevolezza di chi si è nel momento in cui si decide di avviare un'attività.

Prendiamoci quindi il tempo di rispondere a quella che, apparentemente, è una banalissima domanda.

La seconda domanda che ci dobbiamo porre è: «Chi voglio diventare?» Ancora una volta prendiamoci il tempo necessario prima di rispondere, soppesiamo bene le alternative e facciamo un'attenta autoanalisi prima di buttare lì una risposta.

Da quello che scriveremo dipenderà il futuro della nostra attività. Proprio così, ciò che scriveremo in risposta a quella semplice domanda è quello che diventeremo nei prossimi anni di attività. Per fare questo uno strumento eccezionale è la *Dichiarazione di principio*, strumento fenomenale usato in moltissimi campi. Ma in cosa consiste?

La *Dichiarazione di principio* è un'affermazione che determina in maniera precisa e dettagliata la figura professionale che saremo. È un impegno che prendiamo con noi stessi sul modo in cui desideriamo operare. Già utilizzata nelle maggiori aziende mondiali, recentemente è stata adottata anche nello sport; infatti, nel 2001 l'Associazione per lo sport della Città di Zurigo (VERSA) ha deciso di far sottoscrivere a tutti gli allenatori la *Dichiarazione di principio* riportata qui sotto allo scopo di combattere gli abusi sessuali sui minori.

Dichiarazione di principio per gli allenatori

1. Accetto, in qualità di allenatore, di dar prova di sensibilità nel rapporto con i membri del mio gruppo durante tutte le attività, sia nelle sedute di allenamento che nelle fasi di gara.

2. Sono responsabile di ogni evento che concerne questo rapporto.

3. Conosco il potere e la possibile influenza che derivano dalla mia posizione e sono consapevole del rapporto di dipendenza che

si crea con i miei pupilli.

4. Mi impegno a non abusare mai di questo rapporto di dipendenza. Al centro del mio interesse vi sono il benessere, la salute, la dignità e la crescente autodeterminazione di ogni membro del gruppo.

5. In qualità di persona coscienziosa e responsabile mi comporto in modo attento e rispettoso nei confronti della personalità di ogni membro del gruppo. So riconoscere e rispettare le esigenze e i limiti di ognuno, persino quando vengono trascurati dal diretto interessato.

6. Sono consapevole delle esigenze e carenze individuali e so quando è giusto rinunciare. Mi astengo da ogni tipo di sfruttamento, sia esso di tipo materiale, sessuale ed emotivo.

7. Non uso violenza contro nessuno dei membri del gruppo, né allo scopo di ottenere una migliore prestazione, né dal punto di vista emotivo, verbale o sessuale. Mi comporto in modo adeguato sotto l'aspetto fisico e verbale e curo con particolare attenzione

ogni contatto spontaneo.

8. Sono d'accordo che, dopo la mia partenza, l'Associazione fornisca informazioni sulla mia persona nel caso di richiesta di referenze.

Data e firma dell'allenatore: ....

(Questa *Dichiarazione di principio* è stata redatta sulla base del contenuto di quella dell'associazione VERSA, ma è comunque stata leggermente modificata per un uso più generale).

Lo scopo della *Dichiarazione di principio* è quindi quello di dare una direttiva precisa di chi sei e di come operi; un impegno, con te stesso e con gli altri. È quindi molto importante scrivere nei particolari come si desidera operare e scriverlo, conservandone una copia sempre a portata di mano per poterla leggere ogni giorno, per non perdere mai di vista lo scopo del proprio lavoro.

Un ottimo strumento per rafforzare il peso della dichiarazione è renderne partecipi i clienti: ci si sentirà quindi ancora più impegnati a mantenere ciò che si è affermato.

SEGRETO n. 3: consegnare o far leggere ai propri clienti la *Dichiarazione di principio* ha una doppia valenza: ci vincola a comportarci come abbiamo affermato e ci permette di distinguerci dalla maggior parte degli operatori del settore.

Anche a livello inconscio prendere un impegno del genere ha una valenza enorme. Infatti, già solo il fatto di scriverla ci vincola a mantenere ciò che abbiamo affermato. Rileggerla ogni giorno consolida e cementifica il nostro atteggiamento verso un obiettivo concreto e preciso. Condividere con i clienti il nostro impegno permetterà al nostro subconscio di lavorare per noi; infatti, con un tale atteggiamento, saranno le nostre stesse convinzioni a impedirci di comportarci diversamente da quanto abbiamo affermato.

A questo punto dobbiamo porci la terza domanda: «Che cosa voglio ottenere dalla mia professione?» È giusto voler sapere chi siamo e come vogliamo operare, ma è indispensabile sapere che cosa desideriamo ottenere per ottenerlo. Immaginate una nave che esce dal porto senza sapere dove vuole arrivare: quante probabilità avrà di arrivare nel miglior porto esistente?

Sei d'accordo con me quando affermo che avrà infinite possibilità di girare a vuoto, di perdersi o di accontentarsi del primo porto che incontra non sapendo che il successivo magari era esattamente quello perfetto per lei? Nel lavoro è esattamente la stessa cosa: se non sai ciò che desideri sei una nave senza rotta, vai alla deriva!

SEGRETO n. 4: è fondamentale porti un obiettivo, sapere ciò che desideri, ottenere e pianificare dettagliatamente come vuoi ottenere quel risultato, porti dei traguardi intermedi e monitorare costantemente che stai andando nella direzione giusta.

Ora che sai ciò per cui lavori devi cominciare a progettare come ottenerlo, quindi devi fare un'analisi degli strumenti che ti servono e di quelli che hai a disposizione per sapere cosa devi procurarti per ottenere un risultato ottimale e, soprattutto, decidere e programmare come ottenere ciò che ti manca per lavorare in maniera ottimale.

Sun Tzu nel libro *L'arte della guerra* spiega come la cura dei dettagli e la meticolosità nella preparazione prima dell'azione influenzino in maniera determinante le sorti della battaglia. Questa teoria si può applicare in maniera eccellente anche al mondo degli affari: essere preparato, avere un piano d'azione dettagliato che non lascia nulla al caso, aver previsto variabili e possibili difficoltà, avere valide alternative o sapere dove trovarle ci mette in condizione di superare qualsiasi ostacolo in qualunque situazione.

Improvvisare ed essere approssimativi, invece, ci fornirà un'infinità di problematiche da risolvere e sarà una costante emorragia di energie.

SEGRETO n. 5: poniti in condizione di superare qualsiasi ostacolo attraverso la programmazione accurata della tua attività.

Abbiamo verificato quali sono gli strumenti di cui disponiamo e quali sono quelli che ci mancano, abbiamo un piano d'azione preciso e dettagliato su come recuperare gli strumenti necessari. Ora dobbiamo decidere come utilizzarli e per fare ciò dobbiamo prendere coscienza di un fattore importantissimo: esistono prevalentemente due tipi di attività nella professione di agente immobiliare, e cioè le *attività di produzione* e le *attività logistiche*.

Le *attività di produzione* sono quelle che portano risultati concreti e a breve termine, come ad esempio gli appuntamenti per acquisire incarichi, gli appuntamenti di vendita, gli appuntamenti per ritirare una proposta d'acquisto e similari.

Le *attività logistiche* invece sono tutte le altre, quelle definite *di supporto*: ritirare la documentazione, fare fotografie, preparare le inserzioni, creare la brochure dell'immobile, scrivere i cartelli e appenderli, effettuare le verifiche ipotecarie e catastali e altre attività simili.

Uno dei più grossi errori che si commettono nel lavoro in proprio è quello di non monitorare quanto tempo si dedica all'una e all'altra attività. Invece, ogni libero professionista di successo deve avere un'agenda molto ben strutturata e dettagliata, nella quale i tempi sono dettati in maniera ottimale: ogni giornata deve essere pianificata, bisogna sempre sapere quando e quanto tempo dedicare al lavoro di produzione, quanto al lavoro logistico e quando invece dedicare tempo a se stessi.

Proprio così! Bisogna sempre dedicare alcune parti della giornata a se stessi: è necessario per gratificarsi e rigenerarsi.

SEGRETO n. 6: organizza sempre con precisione il tempo da dedicare al lavoro e quello da dedicare a te stesso.

Non ci sono professionisti di successo che non hanno un'agenda dettagliata e ben pianificata, contenente tutte le attività della giornata. A inizio gennaio si determinano gli obiettivi per l'anno in corso, si sceglie quella che è la strategia migliore per realizzarli, si identificano gli strumenti che servono per portare a termine il progetto e si fissano dodici traguardi intermedi con cadenza mensile, per monitorare se si è in linea o meno con il lavoro da svolgere.

Questi traguardi mensili vanno poi suddivisi nuovamente in traguardi settimanali, che a loro volta si scinderanno in attività quotidiane, in maniera tale che ogni giorno – prima di terminare la giornata – si possa effettuare una verifica per sapere se si è in linea o meno con i propri obiettivi e, se necessario, avere la possibilità di modificare la strategia in virtù delle difficoltà che hanno impedito di portare a termine le attività quotidiane.

Questo metodo ti permette di accorgerti di eventuali mancanze in tempo reale e, se necessario, di andare a correggere le strategie prima che il ritardo sia di settimane o, addirittura di mesi, quando per andare a recuperare le energie da spendere sarebbero infinitamente maggiori.

SEGRETO n. 7: un'attività di monitoraggio quotidiana ti permette di accorgerti di eventuali mancanze e di prendere decisioni e provvedimenti immediati, evitando così di intervenire quando ormai è troppo tardi.

Monitorare e correggere però non è sufficiente. Abbiamo detto che dobbiamo programmare meticolosamente la nostra agenda, la nostra attività deve scorrere fluida come la commedia sul palcoscenico, ogni attività deve essere programmata e stabilita, e quindi ogni lunedì mattina (meglio ancora la domenica) è buona norma dedicare trenta minuti alla programmazione e altrettanti all'analisi dei risultati conseguiti la settimana precedente. E come si programma la settimana se non ho ancora appuntamenti fissati?

Nel seguente modo: stabiliamo quanto tempo dedicare alle attività di produzione, quanto alle attività logistiche e quanto a se stessi. Un esempio potrebbe essere quello della tabella che segue.

Qui è stato rappresentato un esempio di quella che potrebbe essere la programmazione-tipo di una settimana qualunque; naturalmente, se quando programmiamo la settimana abbiamo già degli appuntamenti fissati, andremo a programmare in funzione di quelli.

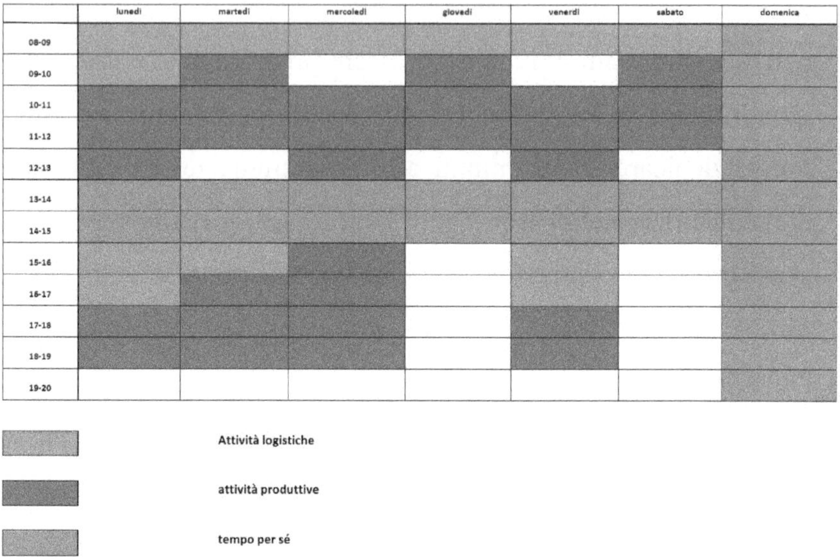

	lunedì	martedì	mercoledì	giovedì	venerdì	sabato	domenica
08-09							
09-10							
10-11							
11-12							
12-13							
13-14							
14-15							
15-16							
16-17							
17-18							
18-19							
19-20							

Attività logistiche

attività produttive

tempo per sé

Una volta programmata la settimana, sarà importante avere sempre sottomano lo schema perché da questo momento tutti gli appuntamenti verranno organizzati e fissati in funzione della programmazione.

Hai un cliente che vuole vedere un immobile? Benissimo! Gli fisserai l'appuntamento in un momento che hai dedicato alla produzione. Devi andare a fare delle fotografie o recuperare dei documenti? Ottimo! Ti consiglio di farlo in un momento che hai riservato alla logistica.

Ci sono degli spazi vuoti perché bisogna sempre avere delle aree per lasciare del tempo agli imprevisti e per recuperare eventuali orari che non hai potuto rispettare.

Così facendo si ha la quasi certezza che ogni fine settimana avrai raggiunto il risultato che ti eri prefissato. Inoltre, avrai sempre coscienza di quelle che sono le attività che ti aspettano e mentre fissi gli appuntamenti con i clienti darai sempre un'immagine di professionalità e precisione perché saprai sempre quando sei disponibile.

SEGRETO n. 8: un'agenda programmata meticolosamente ti aiuterà a raggiungere il risultato che ti sei prefissato, ad avere coscienza delle attività e a dare al cliente un'immagine di professionalità e precisione.

Ora che hai preso un impegno con te stesso e con i clienti, e hai imparato a gestire i tuoi tempi, devi prendere coscienza di quello che è il potenziale della tua attività: quanto mercato c'è? Dove vuoi operare? È meglio specializzarsi?

Sono tutte domande fondamentali, e non abbiamo ancora iniziato a lavorare. Effettivamente, è come nella costruzione di una casa: per giorni interi si lavora nel sottosuolo per costruire le fondamenta e dall'esterno non si vedono progressi apparenti, ma nessuna casa può stare in piedi senza solide fondamenta.

La stessa cosa la stiamo facendo con la tua azienda: stiamo costruendo le fondamenta. Più saranno solide, maggiori saranno le potenzialità della tua attività.

Prima di tutto scopriamo il potenziale. Per farlo, dobbiamo sapere quante compravendite si effettuano nella tua zona in un anno: come scoprirlo? Semplice! Ti porto l'esempio che mi riguarda: nel 2002 ho utilizzato questo sistema quando ho iniziato ad applicare questa strategia. Lavoravo a Novara, capoluogo di provincia del Piemonte occidentale. Quante compravendite vengono effettuate in un anno a Novara? Come entrare in possesso di questa informazione?

Semplice: basta richiede alla questura i dati relativi alle cessioni di fabbricato (sono dati pubblici) e poi fare lo stesso con la conservatoria dei registri immobiliari. Otterrai una serie di dati che ti permetteranno di sapere quante compravendite e quante locazioni sono state effettuate l'anno precedente nella zona in cui hai deciso di operare. In questo modo saprai qual è il potenziale di mercato della tua attività.

Sempre da questi dati possiamo estrapolare il numero di transazioni effettuate da agenzie e quelle effettuate direttamente da privati. Questo perché il nostro obiettivo è scoprire e prendere atto di quello che è il nostro reale potenziale: infatti a noi interessa il mercato dei privati, non quello dei clienti che sono già seguiti da altri professionisti.

Il nostro scopo è quello di conquistare il mercato in cui possiamo fare la differenza con la nostra professionalità e non fare la guerra agli altri operatori del settore. Anche se negli ultimi anni il mercato si è sviluppato molto velocemente, purtroppo non altrettanto è successo per la qualità con cui si è sviluppato; quindi, come già accennato in precedenza, viviamo un momento particolare in cui i clienti non si sentono sufficientemente seguiti. La conseguenza è che le transazioni tra privati aumentano. Perciò, se riusciamo ad alzare lo standard qualitativo del nostro servizio, abbiamo la possibilità di andare a conquistare tutta quella fascia di clienti che necessitano del nostro servizio, ma che ci rinunciano perché non ne percepiscono l'importanza.

Un altro fattore determinante è quello di specializzarsi, e questo può avvenire in due modi: o *per zona* oppure per *tipologia di clienti*.

Specializzarsi *per zona* vuol dire che si sceglie una zona in cui operare, ad esempio un quartiere o una località, e si diventa così un vero esperto all'interno della stessa, conoscendo e facendosi conoscere da tutti gli abitanti locali, conoscendo tutti gli immobili in vendita, i prezzi a cui si vendono e a cui sono stati venduti negli ultimi mesi, sapendo quali sono le caratteristiche positive e negative della zona, quali i servizi, le possibilità di sviluppo, le attività e, infine, cosa prevede il piano edilizio per quella particolare realtà urbana.

È necessario che di fronte a qualsiasi richiesta di un potenziale acquirente tu sappia dare una risposta o sappia dove trovarla in pochissimo tempo.

SEGRETO n. 9: la specializzazione per zona ti permette di ottimizzare i tuoi sforzi, avrai spostamenti ridotti con un notevole risparmio economico e di tempo, aumenterai l'efficacia dei tuoi investimenti, diventerai un personaggio conosciuto e lavorando in maniera impeccabile saranno i clienti stessi a cercarti e non viceversa.

Uno dei grossi errori che si commettono in questa professione e soprattutto all'inizio, infatti, è proprio quello di correre dietro a ogni immobile che c'è in vendita, con la conseguenza che aumenterà a dismisura il tempo necessario ai tuoi spostamenti.

Sarà difficile mettersi a fare valutazioni precise perché se ti sposti sistematicamente in zone che non conosci non avrai informazioni precise sui prezzi reali a cui sono stati venduti gli immobili e, di conseguenza, l'unico parametro sarà il prezzo delle nuove costruzioni e il prezzo degli immobili in vendita, che però non è affidabile perché quasi sempre gli immobili vengono venduti a un prezzo inferiore di quello a cui vengono proposti.

Per quanto riguarda invece la specializzazione per *tipologia di clienti* è invece una strategia per la quale andrai a gestire solo immobili di un certo tipo, come, ad esempio, quelle agenzie che si specializzano in castelli, immobili di lusso, edifici commerciali, case vacanze e simili.

Questo genere di specializzazione porta a ottimizzare il tipo di pubblicità e di conseguenza, a seconda del tipo di immobile che si è scelto di trattare, si avrà un ritorno nel tempo legato alla stessa tipologia. Un'agenzia che gestisce solo immobili commerciali non riceverà richieste per immobili abitativi e, di conseguenza, sarà ferratissima su tutto ciò che concerne gli immobili, le legislazioni e le valutazioni commerciali.

A questo punto siamo quasi pronti a lavorare:

- abbiamo preso un impegno serio e ci siamo presi il tempo per informarci adeguatamente su quello che è il nostro mercato potenziale;

- abbiamo organizzato il nostro tempo, dando il giusto spazio alle attività di produzione e a quelle logistiche;
- abbiamo deciso di specializzarci e quindi abbiamo dato una direzione alla nostra attività.

Per poter partire con il lavoro, adesso dobbiamo affrontare una tematica che è alla base di ogni attività commerciale. Abbiamo un lavoro da svolgere e dobbiamo quindi decidere quale impegno economico possiamo sostenere per quella attività.

Sia che operiamo per un'agenzia sia che avviamo una nostra agenzia è importantissimo che definiamo quello che sarà il capitale che abbiamo a disposizione per poterlo frazionare e distribuire per tutte le attività che dovremo affrontare. Se saltiamo questo passaggio rischiamo di dedicare troppe risorse per attività che non sono fondamentali, rimanendo poi senza capitali per quelle attività che invece sono indispensabili.

È quindi assolutamente indispensabile fare una scala delle attività e dare ad ognuna un valore di importanza, in maniera da sapere a quale di queste dedicare la nostra attenzione e le nostre finanze.

In base al capitale di cui si dispone, inoltre, si dovrà decidere quali attività siano rimandabili e posticipabili e quali invece no perché, se il capitale iniziale non è sufficiente a coprire tutti i costi, si deve fare un piano di spese urgenti e decidere di dedicare una quota dei proventi futuri da destinare alle spese.

A mio avviso tra le spese fisse e non posticipabili devono rientrare sempre la promozione (attraverso riviste, opuscoli, siti e articoli) e la formazione (corsi e aggiornamenti), che sono indispensabili per svolgere al meglio la nostra attività.

Esperienza personale

Oleggio in provincia di Novara, anno 2004. Dopo quattro anni che lavoravo a Novara ho preso la decisione di spostarmi e, pur rimando parte dello stesso ufficio, ho iniziato a specializzarmi in un paese di quasi 15.000 abitanti, nelle campagne Novaresi, sulla sponda orientale del Ticino, ottimamente collegato all'aeroporto di Malpensa, complice anche una situazione familiare che mi avrebbe portato ad abitare in quella zona di lì a pochi mesi.

Ero determinato ad applicare al meglio il metodo che avevo

perfezionato frequentando vari corsi di comunicazione e di marketing, anche perché lasciare la zona di Novara per dedicarmi a una zona per me sconosciuta, senza contatti e senza collaborazioni attive, non solo significava un maggior costo dovuto agli spostamenti (almeno sino a che non mi fossi trasferito) ma voleva dire anche e soprattutto dover rinunciare all'indotto derivante dal lavoro svolto sino a quel momento su Novara. Tutte queste riflessioni mi spinsero a prendere quella decisione con la grinta e la determinazione di chi vuole ottenere risultati in tempi brevi.

Per prima cosa feci un censimento di quelle che erano state le compravendite dell'anno precedente, poi feci un giro delle agenzie locali per presentarmi e far sapere che intendevo specializzarmi in quella zona promuovendo il metodo della collaborazione e chiedendo quindi ai colleghi che si dimostrarono maggiormente disponibili di aiutarmi a capire quali erano i prezzi reali di vendita in base alla loro recente esperienza.

Successivamente feci un censimento di tutti gli immobili in vendita, sia tramite agenzie che direttamente da privati, e, naturalmente di tutti gli immobili in costruzione contattando direttamente le imprese costruttrici e facendomi lasciare i prezzi a cui stavano vendendo.

Fu un lavoro meticoloso e impegnativo. Dedicavo quasi l'intera giornata a battere le strade del paese, parlando con tutti i negozianti e tutti i residenti che incontravo, presentandomi e informandoli di quello che era il mio progetto: essere uno specialista della zona che facesse valutazioni reali e che offrisse un reale e concreto aiuto ai propri clienti.

Ci volle quasi un mese ma il risultato fu decisamente positivo: la maggior parte delle persone aveva percepito una sostanziale differenza fra me e i miei colleghi. Si cominciava a parlare di *quel signore* che stava facendo un vero e proprio censimento degli immobili in vendita o recentemente venduti.

Frequentando io ormai assiduamente le attività commerciali e i bar della zona era frequente che venissi chiamato per nome o che venissi fermato dal tal signore o dal tal altro commerciante che mi diceva che questo o quell'altro alloggio era stato messo in vendita o era stato venduto da poco.

Nel frattempo avevo anche contattato parecchi proprietari di immobili che dovevano vendere e avevo potuto cominciare a mettere dei miei cartelli di vendita. Anche con le agenzie locali avevo potuto iniziare a collaborare sugli immobili che gestivo e quindi anche con loro si stava instaurando un rapporto di fiducia.

Qual è stata però la molla che ha costituito tanta differenza fra me e i miei colleghi di altre agenzie? Molto semplice: di solito i colleghi giravano per il paese suonando i campanelli e chiedendo semplicemente se c'erano immobili in vendita. I più audaci azzardavano anche affermare che avevano già dei clienti interessati, e la stessa cosa avveniva con il telemarketing; i meno impegnati addirittura si limitavano a chiamare i proprietari che avevano già un proprio cartello esposto.

Io, invece, contattavo tutti indistintamente informandoli che mi stavo specializzando, avvisandoli che intendevo offrire un servizio di qualità e che per farlo avevo la necessità di conoscere i reali prezzi di vendita delle case.

Quindi la reale differenza fu nel messaggio che mandavo, nell'atteggiamento: io non andavo proponendo fantomatici acquirenti, bensì con tutta umiltà rendevo i cittadini partecipi di un progetto che li riguardava direttamente. Il risultato fu proprio quello desiderato: gli abitanti di Oleggio si sentirono coinvolti e già dopo un solo mese non solo si parlava di me ma la gente già mi riconosceva per strada, complici anche i volantini e i biglietti da visita con fotografia, che immancabilmente distribuivo neanche fossi nel pieno di una campagna elettorale.

Inoltre, proprio come prevede il metodo dello specialista di zona, individuai il quartiere che secondo me era il più adatto a cominciare e mi dedicai principalmente a quello per quanto riguardava le casa da gestire.

Operare su tutto il territorio comunale sarebbe stato troppo dispersivo se fatto da subito e in maniera poco sistematica. Decisi di iniziare da un quartiere recente, con parecchie costruzioni nuove, quasi tutte con età compresa tra i tre e i dieci anni e quasi interamente abitate da gente che lavorava a Malpensa o che faceva la pendolare con la provincia di Varese. Questa si dimostrò una mossa vincente perché in meno di un anno ebbi poi la possibilità di gestire in un solo quartiere nove abitazioni.

RIEPILOGO DEL GIORNO 1:

- SEGRETO n. 1: anche il miglior agente immobiliare nel lungo periodo deve arrendersi alle difficoltà economiche se non è in grado di gestire la propria attività.
- SEGRETO n. 2: è vitale avere piena consapevolezza di chi si è nel momento in cui si decide di avviare un'attività.
- SEGRETO n. 3: consegnare o far leggere ai propri clienti la *Dichiarazione di principio* ha una doppia valenza: ci vincola a comportarci come abbiamo affermato e ci permette di distinguerci dalla maggior parte degli operatori del settore.
- SEGRETO n. 4: è fondamentale porti un obiettivo, sapere ciò che desideri, ottenere e pianificare dettagliatamente come vuoi ottenere quel risultato, porti dei traguardi intermedi e monitorare costantemente che stai andando nella direzione giusta.
- SEGRETO n. 5: poniti in condizione di superare qualsiasi ostacolo attraverso la programmazione accurata della tua attività.
- SEGRETO n. 6: organizza sempre con precisione il tempo da dedicare al lavoro e quello da dedicare a te stesso.
- SEGRETO n. 7: un'attività di monitoraggio quotidiana ti

permette di accorgerti di eventuali mancanze e di prendere decisioni e provvedimenti immediati, evitando così di intervenire quando ormai è troppo tardi.

- SEGRETO n. 8: un'agenda programmata meticolosamente ti aiuterà a raggiungere il risultato che ti sei prefissato, ad avere coscienza delle attività e a dare al cliente un'immagine di professionalità e precisione.
- SEGRETO n. 9: la specializzazione per zona ti permette di ottimizzare i tuoi sforzi, avrai spostamenti ridotti con un notevole risparmio economico e di tempo, aumenterai l'efficacia dei tuoi investimenti, diventerai un personaggio conosciuto e lavorando in maniera impeccabile saranno i clienti stessi a cercarti e non viceversa.

GIORNO 2:
Come creare un portafoglio clienti

Una volta organizzata la propria attività, bisogna creare un portafoglio clienti: essendo la nostra un'attività commerciale è indispensabile avere una banca dati aggiornata costantemente e di facile utilizzo per avere accesso immediato alle informazioni nel momento in cui se ne avrà bisogno. Come si crea però un portafoglio clienti?

Il primo passo da compiere è quello di creare un elenco di tutte le persone che ti conoscono e delle quali hai l'indirizzo e il numero di telefono. Poi dividi l'elenco per categorie: amici, conoscenti, familiari, colleghi, ex colleghi, ex compagni di scuola e così via.

Una volta terminato l'elenco è importante contattare tutti, e sottolineo: **tutti**, informandoli di ciò che stai facendo, del fatto che svolgi un'attività di intermediazione immobiliare e che per qualsiasi necessità, informazione o consulenza possono rivolgersi a te. Lascia loro i tuoi recapiti, chiudendo con la richiesta di poter inserire i loro nella tua mailing list al fine di poter far loro pervenire la newsletter periodica, e chiedi loro a tal scopo un indirizzo di posta elettronica.

Naturalmente, a seconda del tipo di rapporto che hai, il contatto avverrà tramite lettera, telefonata o visita di persona. L'importante è che sia ben chiaro lo scopo del contatto: semplicemente informare su che tipo di attività stai avviando e metterti a disposizione. Niente di più: nessuna richiesta, nessuna proposta di immobili o altro.

Le persone sono stufe di essere contattate solo quando si ha bisogno di loro e quindi presentarsi senza chiedere nulla, ma mettendosi a disposizione e proponendo un'occasione di ricevere un periodico informativo gratuito, ci metterà in contrasto con quello che è l'atteggiamento della gran parte degli altri operatori, cominciando a far sì che ci vedano diversamente e comincino a farsi un'idea positiva di noi.

SEGRETO n. 10: per prima cosa facciamo in modo di

contattare tutte le persone che conosciamo e facciamo in modo che notino la diversità tra noi e la maggior parte degli altri operatori, cominciando così a creare la nostra nuova immagine.

È necessario, inoltre, identificare la figura del cliente. Fondamentalmente ci sono due fasce di clienti: i *venditori* e gli *acquirenti*. Alcuni faranno parte di entrambe le categorie, altri solo di una o dell'altra. In ogni caso, anche se sotto alcuni aspetti sono simili, vanno gestiti in maniera differente e quindi è meglio creare due data base distinti per l'una e per l'altra categoria, pur mantenendole interscambiabili fra di loro.

La prima categoria, quella dei venditori, ha determinate caratteristiche ed esigenze; la seconda ne avrà delle altre diametralmente opposte alla precedente. Chi invece appartiene a entrambe le categorie dovrà essere trattato differentemente in base al momento, se è acquirente o venditore.

C'è inoltre da tenere presente che sempre più spesso chi compra casa ha già un immobile di proprietà e che, per poter acquistare, ha la necessità di vendere la propria abitazione. Quindi, sempre di più, i clienti appartengono ad entrambe le fasce.

SEGRETO n. 11: esistono due categorie di clienti, i *venditori* e gli *acquirenti*. Alcuni fanno parte di entrambi i gruppi. I clienti vanno gestiti in maniera differente a seconda che appartengano all'una o all'altra categoria.

A cosa serve avere un data base-clienti? Per quale motivo deve essere sempre aggiornato? Perché deve essere di facile consultazione?

Semplice: conservare l'elenco dei clienti in un data base organizzato e diviso per categorie e sotto-categorie ti permette di sapere sempre quanti immobili hai in vendita, di quale tipologia sono, a quale prezzo vengono proposti e in quanto tempo saranno disponibili. Questo per i venditori.

Per gli acquirenti, invece, saprai sempre quante richieste hai in giacenza e per quale tipologia di immobili, fra quanto tempo i clienti avranno bisogno della casa, e che cifre possono spendere.

A questo punto non devi fare altro che incrociare la richiesta alle offerte che soddisfano le caratteristiche e avrai un elenco di immobili da proporre al cliente acquirente o un elenco di clienti a cui proporre l'immobile che hai appena acquisito.

Ogni volta che acquisisci un immobile da vendere, infatti, devi subito fare una ricerca per sapere quante richieste hai in giacenza che corrispondano a quel tipo di casa e devi contattare immediatamente i clienti per proporre la nuova soluzione. Viceversa, ogni volta che raccogli una richiesta nuova da parte di un cliente acquirente devi incrociarla con il data base-immobili per vedere quali offerte corrispondono e proporle subito al cliente.

Così facendo accorcerai i tempi di gestione degli immobili, manterrai costantemente i contatti con i clienti acquirenti e venditori, darai segno di professionalità e organizzazione, accrescendo la fiducia che i tuoi clienti hanno in te, risparmiando molti soldi di pubblicità e aumentando la soddisfazione percepita per il tuo operato.

Ecco perché il data base deve essere di facile consultazione: per poter semplificare al massimo gli incroci e per velocizzare i tempi. Inoltre va tenuto sempre aggiornato perché, contattando periodicamente tutti i clienti, manterrai vivo il rapporto, verrai subito aggiornato di eventuali nuove necessità o cambiamenti (se ci sono nuovi immobili in vendita, se altri sono stati venduti, a quale prezzo e da chi) in maniera tale che potrai continuamente accrescere le informazioni per fare le valutazioni.

SEGRETO n. 12: per creare un proprio portafoglio clienti si parte dalla realizzazione di un data base diviso in immobili in vendita e acquirenti, in maniera tale da poter incrociare velocemente la domanda con l'offerta.

Ma dove si trovano i clienti?

Dipende. Anche se tutti possono arrivare dal ritorno pubblicitario, è bene che si vada a cercare i singoli clienti direttamente dove ci sono le esigenze. Nel seguente modo: nessuno strumento è maggiormente efficace per trovare venditori che frequentare la zona, farsi conoscere e diventare punto di riferimento per gli abitanti del quartiere, paese o città. Un altro strumento è quello di distribuire periodicamente delle cartoline professionali che non solo diano informazioni su chi siamo e che cosa facciamo, ma che pubblicizzino anche i nostri immobili e i nostri successi. Per la regola del *ci si affida a chi si conosce*, è bene essere conosciuti e avere un buon nome per ottenere buoni risultati.

Per farsi conoscere, appunto, un ottimo strumento è la distribuzione sistematica e programmata di volantini in cui siano ben presenti e visibili il nostro nome e i nostri recapiti, le offerte di immobili recentemente acquisiti e, perché no? le ultime abitazioni vendute da noi in quella zona.

È importante pubblicizzare i propri successi perché se non sei tu a farlo non lo farà nessuno e come farà la gente a sapere che sei un professionista di successo che vende in tempi brevi se nessuno lo dice?

SEGRETO n. 13: i clienti più motivati sono quelli che hanno esigenze reali. I venditori si trovano frequentando fisicamente la zona che abbiamo scelto e parlando costantemente con chi ci abita. Gli acquirenti invece sono quelli che sono disposti a muoversi per venire a fare un incontro in ufficio per parlare

delle proprie esigenze.

Preferiresti affidare la vendita della tua casa a uno sconosciuto del quale non sai nulla o a un professionista che opera sistematicamente in zona e che vende gli immobili che gestisce in tempi brevi?

Sappi che tutti i venditori danno la stessa risposta che hai pensato tu. Ecco che informare dei nostri successi diventa importante per poter creare fiducia nei nostri confronti. Una volta ottenuta la fiducia fissare appuntamenti con i proprictari che desiderano vendere sarà più semplice e diventerà facile entrare in confidenza con loro.

Un altro strumento estremamente efficace è il cartello sull'immobile, che lavora per noi a tempo pieno, 24 ore su 24, a costo ridottissimo e su entrambe le fasce di clienti.

Prova a immedesimarti: abiti in un quartiere residenziale e devi vendere casa tua. Ci sono dieci immobili in vendita: due sono pubblicizzati e proposti da due diverse agenzie, gli altri otto sono pubblicizzati e ci sono i cartelli di un'unica agenzia, la stessa per tutti e otto. Ti verrebbe voglia di contattare quell'agenzia per sapere quanto vale il tuo immobile e se ci sono già dei potenziali clienti oppure consideri quell'agenzia sullo stesso piano delle altre due?

SEGRETO n. 14: il cartello sull'immobile è un ottimo strumento per acquisire clienti sia venditori, sia acquirenti.

Il passaparola di clienti soddisfatti è un altro strumento molto efficace. Immaginiamo che un cliente che ha venduto con te parlando con un amico o un vicino di casa, che deve a sua volta vendere la propria abitazione, gli dica che con te si è trovato bene. Sarà facile per te entrare in sintonia con questo secondo venditore? Lo credo anch'io!

Il passaparola poi può avvenire anche attraverso i liberi professionisti o i commercianti, quindi è bene mantenere degli ottimi rapporti anche con i commercianti e i professionisti della zona in cui ti specializzerai.

Anche la pubblicità su riviste e siti internet è fonte di contatti con clienti venditori e acquirenti. Solo che queste ultime due fonti sono tra le più costose e inoltre, essendo passive, hanno una resa media nettamente inferiore alle precedenti.

È buona norma effettuare tutte queste attività contemporaneamente, sistematicamente e in maniera programmata e costante perché, pur essendo esse ottimi strumenti, perdono quasi del tutto efficacia se applicate sporadicamente e quindi, anziché un supporto allo sviluppo della tua attività, potrebbero diventare una perdita netta.

Ricordiamoci inoltre di monitorare quali sono i ritorni delle nostre attività, come descritto nel Giorno 1. Ad esempio, su cento volantini quante chiamate hai ricevuto? E sul secondo passaggio? Cambiando la tipologia di immobili pubblicizzati hai un ritorno maggiore? I clienti più motivati arrivano da cartello o da pubblicità sulla rivista?

Dopo sei mesi avrai abbastanza dati per sapere quali sono gli strumenti più efficaci e quindi, quando deciderai il capitale da destinare alla promozione, saprai come distribuirlo sui vari strumenti.

SEGRETO n. 15: bisogna monitorare costantemente il ritorno che si ha dalla promozione per poter decidere gli investimenti futuri puntando sugli strumenti maggiormente efficaci.

Una volta cominciato a creare il portafoglio clienti devi strutturarlo e utilizzarlo nel migliore dei modi. Prendiamo ad esempio il data base venditori: è importante creare delle categorie e sottocategorie per poterlo consultare velocemente e per creare liste e statistiche che ti saranno utilissime per acquisire altri immobili e per fare le valutazioni.

Un esempio di data base-venditori è il seguente:

Cognome	dati del proprietario
Nome	
Indirizzo	indirizzo dell'immobile
Recapiti	recapiti telefonici
Tipologia	tipologia dell'immobile: casa, appartamento, villa ecc.
Sub-tipologia	tre locali, due locali ecc.
Box	singolo, doppio, posto auto coperto ecc.
Località	comune, frazione o quartiere
Prezzo	prezzo richiesto
Valutazione	tua valutazione
Riscaldamento	autonomo o centralizzato?
Tempistiche	quando avviene la consegna
Mutuo	c'è un mutuo in corso? Con quale istituto?
Spese condominiali	se ci sono e a quanto ammontano
Altri proprietari	ci sono altri proprietari?
Ipoteche	ci sono ipoteche, vincoli, vizi, usufrutti ecc.?
Note	altre note

Per gli acquirenti valgono più o meno le stesse regole, con la differenza che metterai le voci che riguardano l'identificazione delle esigenze dell'acquirente in maniera tale da avere chiara la situazione. Saprai così con una certa precisione quale tipo di immobile andare a ricercare, operazione che sarà semplificata dall'incrocio con il data base-venditori, se fatto con un programma che permette l'utilizzo simultaneo dei due file.

Un esempio di data base-acquirenti è il seguente:

Cognome	dati del proprietario
Nome	
Indirizzo	indirizzo attuale
Recapiti	recapiti telefonici
Tipologia	tipologia dell'immobile che cerca: casa, appartamento, villa ecc.
Sub-tipologia	tre locali, due locali ecc.
Località	comune, frazione o quartiere di preferenza
Prezzo	capitale a disposizione
Mutuo	deve fare un mutuo per acquistare? Con chi?
Riscaldamento	autonomo o centralizzato?
Tempistiche	ha tempistiche particolari? Deve dare disdetta di affitto? È in casa di proprietà e deve consegnare il proprio immobile perché ha già venduto?
Ha un immobile da vendere?	è in casa di proprietà? Deve vendere per acquistare? È già in vendita? Con chi? Ha già un acquirente?
Spese condominiali	spese massime che vuole/può sostenere
Da quanto tempo cerca?	da quanto tempo sta cercando casa? Quante ne ha viste? Dove? Perché non ha ancora acquistato?
Motivazioni	per quale motivo sta cercando casa?
Note	altre note

La scelta delle voci è soggettiva, l'importante è che sia di facile consultazione e che ci permetta di effettuare velocemente l'incrocio tra domanda e offerta. Alcuni colleghi ancora oggi utilizzano sistemi manuali, basati su schede cartacee; io personalmente utilizzo un data base che fa automaticamente gli incroci e mi suggerisce quali sono i clienti da chiamare nel momento in cui inserisco un immobile o una richiesta nuova.

Esistono in commercio programmi specifici per gli agenti immobiliari che sono ben strutturati ed efficaci. Non importa molto qual è lo strumento, ben più importante è l'utilizzo che se ne fa: anche lo strumento migliore, se inutilizzato, sarà uno spreco.

Esattamente come uno strumento meno strutturato, se costantemente aggiornato e consultato, fornirà tutto il supporto necessario per ottenere grandi risultati.

SEGRETO n. 16: scegli lo strumento che maggiormente si adatta alla tua personalità e utilizzalo costantemente; solo così sarà un investimento e non un costo.

Uno schema di data base cartaceo da compilare durante l'intervista al cliente è uno strumento utilissimo per ricordarti di fare tutte le domande e raccogliere le informazioni che ti servono. Come farlo lo vedremo in maniera specifica nei Giorni dedicati alla qualificazione del cliente.

Per creare il nostro portafoglio clienti metteremo insieme i due data base (acquirenti e venditori) e avremo un elenco di nominativi che crescerà nel tempo, mantenendo i contatti periodici con i clienti, anche quando essi non hanno bisogno dei nostri servizi.

Ad esempio, quasi tutti nel momento in cui un cliente ha venduto o acquistato, lo cancellano dal data base; invece, se lo si aggiunge a una sezione di clienti inattivi, e lo si contatta con sistemi poco invasivi come la cartolina o la lettera periodica, manterremo il contatto e nel momento in cui questi avrà una necessità si ricorderà di noi e sarà lui a cercarci.

SEGRETO n. 17: mantenere i contatti anche con i clienti che hanno già comprato e venduto ci permette di essere cercati da

loro nel momento in cui avranno bisogno dei nostri servizi.

Un ottimo strumento per rimanere in contatto con i clienti è l'email periodica, una newsletter con cadenza mensile, in cui si inseriscono i nostri dati e quelli dell'agenzia, alcuni immobili in vendita, alcuni successi (ad esempio: vendite in collaborazione o vendite in tempi molto brevi, o vendite di alloggi particolari) e, inoltre, informazioni di pubblico interesse.

Un esempio di informazione di pubblico interesse sono gli eventi della zona previsti per il mese in corso, oppure manifestazioni, farmacie di turno, numeri utili, ricette, o avvisi da parte della pubblica amministrazione, cresime o comunioni, matrimoni e battesimi.

Personalmente mi sono trovato molto bene accordandomi con il parroco del paese per cedergli uno spazio in cui inserire gli orari delle messe o comunicazioni di vario tipo. In cambio egli mi forniva i dati dei matrimoni e battesimi di cui sopra. Inoltre, vedendosi coinvolto, è diventato un mio alleato. Essendo lui una persona influente verso gli abitanti del paese, essere raccomandato dal parroco mi ha aiutato molto in fase di creazione dei rapporti, mi ha aperto spesso le porte dei suoi parrocchiani come persona di fiducia.

Un periodico strutturato così ci richiederà poco tempo sia per l'impaginazione (perché fatta la prima le altre verranno a essere modellate sulla stessa) sia su reperimento delle notizie da aggiungere. Inoltre farà sì che si crei interesse per la newsletter: il nostro cliente non la cestinerà come avviene per la pubblicità. Il nostro volantino verrà stampato e verrà tenuto in casa, alla portata di familiari e ospiti. Naturalmente insieme ai nostri recapiti.

Inoltre, il fatto che ciò venga fatto via e-mail lo rende praticamente gratuito per noi, avendo però un forte ritorno, sia a livello di mantenimento dei contatti, sia di visibilità e di immagine, sia di possibilità di guadagno.

La newsletter, inoltre, si può realizzare anche in formato cartaceo, per poterla distribuire sia come volantino che come pieghevole. Nel caso in cui si desideri stamparla è consigliabile trovare dei partner che contribuiscano alle spese: questo può avvenire in maniera molto efficiente se creeremo dei “piedini” in fondo alla pagina che verranno destinati alla pubblicità.

SEGRETO n. 18: la newsletter è uno strumento economico che ci permette di fidelizzare i clienti, mantenere i contatti, creare collaborazioni commerciali, farci conoscere e trasformarci in punti di riferimento per gli abitanti della zona in cui operiamo.

I piedini in fondo alla newsletter sono degli ottimi strumenti per contenere i costi ma servono anche a creare collaborazioni con i commercianti. Secondo te, un commerciante che pubblicizza la tua pubblicazione periodica sarà anche un tuo segnalatore?

Secondo me sì. Inoltre, avendo delle collaborazioni, sarà naturale che ci si scambino informazioni e clienti: da qui nuovi nominativi e nuove opportunità di guadagno. Inoltre, essendo i negozi luoghi pubblici saranno anche dei posti ideali in cui lasciare la tua pubblicità e aumentare quindi la tua visibilità. È però importante precisare che anche la newsletter, se fatta sporadicamente, non darà risultati: essa è uno strumento periodico, bisogna decidere la cadenza e rispettarla.

Se si decide di avere una cadenza mensile, bisogna già indicare nella newsletter di questo mese che il mese prossimo ce ne sarà un'altra. Meglio ancora se si indica già il periodo in cui verrà inviata: si crea così la curiosità e l'aspettativa in maniera tale che il nostro interlocutore sia curioso di sapere cosa ci sarà fra un mese.

Nel caso in cui per un mese o più prevedi di non fare la newsletter, avvisa nell'ultimo invio che ci sarà una sospensione di uno o più mesi e specificane il motivo: questo aiuta a coinvolgere i tuoi interlocutori. La newsletter deve diventare uno strumento familiare: i tuoi clienti devono aspettare la prossima, così come succede nei piccoli centri o nei quartieri quando arriva il periodico della parrocchia o del Comune.

Quello è infatti un esempio perfetto di newsletter periodica: è semplice, di solito in bianco e nero per contenere i costi, si può stampare tranquillamente in ufficio ed è di facile consultazione ma con impatto elevato. Come puoi vedere, il periodico è uno strumento che richiede un minimo impegno e permette di avere notevoli benefici, esattamente come la maggior parte degli strumenti che ti illustrerò in questa guida, che diventano però assolutamente inutili se non vengono utilizzati correttamente.

Qual è infatti il segreto per creare velocemente ed efficacemente un portafoglio clienti? Cogliere tutte le opportunità di contattare e archiviare i dati delle persone che incontriamo. Ogni persona con la quale entriamo in contatto è un nostro potenziale cliente, presente o futuro, perché ognuno di noi ha una casa o ne avrà bisogno in futuro.

Viviamo la nostra vita consapevoli che nel nostro settore ogni persona è un potenziale cliente, quindi il nostro lavoro viene svolto in qualunque momento della giornata e con chiunque. Ecco perché un buon professionista è innamorato del proprio lavoro e non ha bisogno di altri strumenti al di fuori della propria coerenza per creare un contatto.

SEGRETO n. 19: ogni persona che conosciamo, conosceremo o incontreremo è un nostro potenziale cliente. Innamoriamoci

del nostro lavoro e svolgiamolo senza sosta ogni volta che interagiamo con qualcuno.

A chi non è mai capitato, infatti, di conoscere altre persone in ambiente extralavorativo e nel momento in cui ci viene chiesto che lavoro svolgiamo, nel sentire la risposta, riceviamo richieste di approfondimento per questa o quella questione? Ci chiedono consigli e suggerimenti, naturalmente siamo ben lieti di darli ed essere utili: ed è proprio in queste situazioni che a volte diamo il meglio di noi stessi!

Eppure stiamo lavorando e non ce ne rendiamo nemmeno conto. Allora, cosa ci impedisce di fare lo stesso mentre siamo sul posto di lavoro? Cosa ci impedisce di essere naturali e divertirci anche mentre lavoriamo? Non cambia nulla dal lavoro al conoscente: siamo sempre noi e non dobbiamo indossare maschere.

SEGRETO n. 20: quando siamo sul lavoro dobbiamo comportarci esattamente come nella vita privata ed essere naturali. Così facendo annulleremo il distacco tra la vita privata e quella lavorativa e otterremo il risultato che, pur

lavorando sempre, vivremo con la sensazione di non essere mai al lavoro.

Il beneficio di un atteggiamento del genere è proprio quello di essere coerenti. Se vogliamo che i nostri clienti si fidino di noi dobbiamo interessarci a loro, come facciamo con i nostri conoscenti e amici: comportiamoci allo stesso modo con tutti, siamo gentili e interessati alle loro esigenze e interessiamoci sinceramente alle persone che incontriamo.

Ricordiamoci di dare a tutti un nostro biglietto da visita e comunichiamo a chiunque che lavoro facciamo. Siamo fieri di ciò che facciamo e saranno gli altri a cercarci ogni volta che avranno una necessità immobiliare, a fare il nostro nome quando qualcuno che conoscono ha bisogni di un agente immobiliare. Se siamo sempre disponibili a dare una consulenza o un consiglio anche se non ci frutta nulla, il nostro atteggiamento verrà ripagato dalla fiducia e dalle segnalazioni.

Esperienza personale

Borgomanero, provincia di Novara, anno 2003. Per motivi

personali ho scelto di entrare a far parte di un'associazione umanitaria; il gruppo è molto unito e sono entrato subito in amicizia con gran parte degli associati.

Non appena si è sparsa la voce del lavoro che svolgo, molti di loro mi hanno contattato per avere consigli e consulenze. Nel giro di pochi mesi, semplicemente essendo me stesso, dando consigli a persone che conoscevo senza chiedere nulla in cambio, sono stato contattato da un socio che ha una ditta edile: mi ha chiesto se potevo essergli d'aiuto nel promuovere la vendita di un complesso di villette a schiera che stava costruendo. Egli mi ha confidato che non si è mai affidato alle agenzie perché non ha fiducia e ritiene che non diano nulla in cambio della provvigione; voleva pertanto che me ne occupassi io perché mi conosceva e si fidava di me.

Mi ha concesso di chiedere la collaborazione delle altre agenzie a condizione che io fossi l'unico ad avere rapporti con lui. Il risultato fu che in pochissimi mesi avevo concluso tre compravendite in collaborazione con altre agenzie. Avrei ottenuto lo stesso risultato se, sapendo che questo mio conoscente aveva un'impresa, lo avessi contattato con lo scopo di fare affari?

È giusto promuoversi, lo faccio costantemente anch'io. Ma prima di chiedere devo dare, altrimenti non avrò la fiducia dall'altra parte.

RIEPILOGO DEL GIORNO 2:

- SEGRETO n. 10: per prima cosa facciamo in modo di contattare tutte le persone che conosciamo e facciamo in modo che notino la diversità tra noi e la maggior parte degli altri operatori, cominciando così a creare la nostra nuova immagine.
- SEGRETO n. 11: esistono due categorie di clienti, i *venditori* e gli *acquirenti*. Alcuni fanno parte di entrambi i gruppi. I clienti vanno gestiti in maniera differente a seconda che appartengano all'una o all'altra categoria.
- SEGRETO n. 12: per creare un proprio portafoglio clienti si parte dalla realizzazione di un data base diviso in immobili in vendita e acquirenti, in maniera tale da poter incrociare velocemente la domanda con l'offerta.
- SEGRETO n. 13: i clienti più motivati sono quelli che hanno esigenze reali. I venditori si trovano frequentando fisicamente la zona che abbiamo scelto e parlando costantemente con chi ci abita. Gli acquirenti invece sono quelli che sono disposti a muoversi per venire a fare un incontro in ufficio per parlare delle proprie esigenze.
- SEGRETO n. 14: il cartello sull'immobile è un ottimo

strumento sia per acquisire clienti venditori che acquirenti.

- SEGRETO n. 15: bisogna monitorare costantemente il ritorno che si ha dalla promozione per poter decidere gli investimenti futuri puntando sugli strumenti maggiormente efficaci.
- SEGRETO n. 16: scegli lo strumento che maggiormente si adatta alla tua personalità e utilizzalo costantemente; solo così sarà un investimento e non un costo.
- SEGRETO n. 17: mantenere i contatti anche con i clienti che hanno già comprato e venduto ci permette di essere cercati da loro nel momento in cui avranno bisogno dei nostri servizi.
- SEGRETO n. 18: la newsletter è uno strumento economico che ci permette di fidelizzare i clienti, mantenere i contatti, creare collaborazioni commerciali, farci conoscere e trasformarci in punti di riferimento per gli abitanti della zona in cui operiamo.
- SEGRETO n. 19: ogni persona che conosciamo, conosceremo o incontreremo è un nostro potenziale cliente. Innamoriamoci del nostro lavoro e svolgiamolo senza sosta ogni volta che interagiamo con qualcuno.
- SEGRETO n. 20: quando siamo sul lavoro dobbiamo comportarci esattamente come nella vita privata ed essere

naturali. Così facendo annulleremo il distacco tra la vita privata e quella lavorativa e otterremo il risultato che, pur lavorando sempre, vivremo con la sensazione di non essere mai al lavoro.

GIORNO 3:
Come qualificare un cliente venditore

La qualificazione del cliente venditore è un passo fondamentale nel processo di vendita di un immobile; infatti, da questo passaggio dipendono tutte le successive fasi della trattativa.

La qualificazione del cliente è il passaggio attraverso il quale si capiscono le motivazioni e le ragioni per cui si vende l'immobile e, di conseguenza, si imposta il rapporto attraverso il quale si stabilirà la procedura per la presentazione e la futura conclusione della trattativa quando si sarà raccolta una proposta d'acquisto conforme alle necessità dei venditori.

A questo punto vediamo quali sono i passi da fare e quelli da evitare durante la qualificazione. Teniamo nella dovuta considerazione la provenienza dei clienti. Mi spiego meglio: i clienti venditori, così come gli acquirenti, possono essere arrivati a noi da più fonti, dalla pubblicità al passa parola, al semplice caso (perché passano di fronte alla nostra agenzia, ad esempio) oppure hanno chiesto informazioni di un nostro immobile in vendita e durante la nostra intervista ci hanno comunicato che per acquistare devono anche vendere un immobile di loro proprietà.

Come già detto in precedenza, la provenienza del cliente ci dà parecchie informazioni sul suo conto e, di conseguenza, visto che a seconda del genere di cliente sarà diverso il nostro approccio, l'informazione ci permetterà di approcciare nel modo migliore per riuscire a creare subito il rapporto di fiducia e familiarità che sarà indispensabile durante la trattativa.

È molto importante avere ben chiaro il motivo e lo scopo per il quale ci rivolgiamo a un cliente che deve vendere un immobile: andiamo da lui al solo scopo di scoprire quanto vuole realizzare dalla vendita della sua casa? Andiamo da lui a farci dare un incarico in esclusiva?

Se ogni volta che vai da un cliente che deve vendere il proprio immobile ti devi prefiggere uno scopo solo: conoscere una persona (o una famiglia, se il venditore è più di uno), capire quali sono le sue necessità, offrire il miglior servizio possibile. Presentandoti a casa sua con questo obiettivo il risultato sarà quello di trasmettere al tuo cliente che sei realmente interessato a lui e il rapporto si consoliderà in tempo minore; inoltre, sarà più facile per te scoprire quali sono i reali motivi che lo spingono a vendere casa e a quel punto sarai tu a decidere se gestire o meno la compravendita.

SEGRETO n. 21: quando vai da un cliente venditore devi avere come unico scopo quello di conoscere una persona nuova, ed essere interessato alle persone prima che alla casa, al fine di scoprire quali sono le esigenze e le reali motivazioni a vendere della famiglia che deve cambiare casa.

Sì, hai capito bene: non è il cliente a decidere se darti l'immobile da vendere, sei tu che decidi se proporre o meno casa sua attraverso i tuoi canali dopo che avrai valutato la reale motivazione del venditore. Questo fa una grande differenza fra l'essere un professionista ed essere uno dei tanti che si professano tali.

SEGRETO n. 22: sei tu a scegliere se gestire l'immobile dopo aver appurato le reali motivazioni del venditore, non il cliente a decidere se darti la casa da vendere o meno. Questa è la differenza fra un professionista e i tanti che si professano tali.

Manteniamo la nostra integrità e cerchiamo di non essere presuntuosi, però rendiamoci conto che nel momento in cui offriamo un servizio al cliente, dato che il servizio che offriamo è di elevata qualità e dato che siamo noi a sostenere le spese di pubblicità, non avremo alcuna certezza di vendere e conseguentemente di recuperare il capitale investito.

Considerato che nel momento in cui deciderai di lavorare su un immobile gli dovrai dedicare del tempo, tenuto conto del materiale pubblicitario da preparare e da distribuire per la vendita, poniti questa domanda: «Vale la pena di lavorare su questo immobile a queste condizioni?»

Se la risposta è affermativa, allora scegli di procedere. Altrimenti, scegli di non trattare quella casa e le mancate spese passeranno dalla voce *spese* a quella *guadagno*.

Ti piace questo modo di approcciare a un nuovo cliente venditore? Bene, perché adesso andremo a vedere come si arriva a un processo del genere fatto con la convinzione di fare la cosa giusta.

Infatti, partendo dal presupposto che offriamo un servizio di qualità, mirato alla soddisfazione del cliente, abbiamo la consapevolezza che non siamo noi ad aver bisogno del cliente, ma il cliente ad aver bisogno dei nostri strumenti e servizi per vendere al miglior prezzo di mercato e nel minor tempo possibile.

SEGRETO n. 23: siamo noi ad avere bisogno del cliente o è il cliente ad aver bisogno di noi? Se siamo certi del servizio che offriamo è il cliente ad aver bisogno di noi, per poter vendere al miglior prezzo di mercato nel minor tempo possibile.

La qualificazione del cliente venditore comincia sin dal primo contatto con lui e termina solo quando sei completamente soddisfatto delle risposte che hai ricevuto. Esistono molte tecniche per creare il rapporto e ottenere le risposte che si cercano. Non intendo però fare una lezione di tecniche di comunicazione; vedremo quindi solo gli strumenti più efficaci e di facile applicazione, giusto per avere qualche certezza in più in fase di promozione di un immobile.

C'è uno strumento che deve essere utilizzato in tutte le circostanze e che risulta essere sempre vincente: sii te stesso, non fingere, sii interessato alle persone che hai di fronte, fai domande e ascolta attentamente le risposte, con interesse sincero, altrimenti il messaggio che passerà sarà incongruente con ciò che dirai!

Quando è che un cliente acconsente a farti vendere casa sua? Esatto! Quando si fida di te. Ma in un rapporto di fiducia reciproca puoi permettermi di fingere? Come ti sentiresti se qualcuno venisse da te a proporti qualcosa dicendoti di avere a cuore le tue necessità e poi si comportasse come se tu fossi un assegno?

Quando arriviamo dal cliente e siamo interessati solo alle provvigioni, in un modo o nell'altro il messaggio passa e il cliente non ci accorderà la propria fiducia. Ma tu puoi permetterti di perdere un cliente? Io no, quindi già da tempo ho deciso di dedicarmi alle persone. Il risultato è stato che la percezione del mio servizio è aumentata a dismisura in poco tempo.

La sincerità però non è l'unico strumento. In una comunicazione efficace dobbiamo considerare una gran quantità di fattori. In questo la PNL (Programmazione Neuro Linguistica) ci aiuta tantissimo. Come già detto in precedenza, non tratterò questo argomento. Però è importante capire che non siamo tutti uguali: anzi, non c'è una persona completamente uguale a un'altra.

Spesso è già una fortuna se ci si somiglia. Però è risaputo che con alcune persone si entra subito in simpatia e si comunica meglio: come mai? Sei d'accordo con me se dico che quando troviamo delle somiglianze nel nostro interlocutore ci affiatiamo prima?

Esistono, infatti, molte tecniche per far nascere queste somiglianze e ora ne vedremo alcune. L'invito che ti porgo è di utilizzare questi strumenti per creare il giusto feeling per il bene del tuo interlocutore e non per raggirarlo!

Iniziamo dalle basi. Principalmente esistono tre canali

preferenziali attraverso i quali filtriamo le informazioni in entrata e, di conseguenza, percepiamo il mondo esterno. Questi canali sono: la vista, l'udito e le sensazioni. In PNL questi tre canali sono definiti rispettivamente *visivo*, *auditivo* e *cinestetico*.

È bene informarti che, indipendentemente dal canale preferenziale del tuo interlocutore, comunque egli si farà un'idea di te nei primi quattro minuti. La prima impressione addirittura nei primi sette secondi! Quindi è bene che nel presentarti a uno sconosciuto tu sia pronto a fare buona impressione a 360 gradi, sia egli un tipo visivo, auditivo o cinestetico.

Per fare questo è importante appagare tutti e tre i sensi in maniera soddisfacente ma non invasiva, e utilizzare i primi minuti di conversazione per scoprire qual è il canale dominante del nostro cliente, e poter quindi proseguire nel resto della conversazione utilizzando principalmente il canale a lui affine.

Ma come si fa a presentarsi in maniera tale da essere gradito a chiunque? Poche cose ma molto chiare: arrivare in orario all'appuntamento, curare la propria immagine, essere in ordine sia nel vestire che nell'aspetto (non necessariamente elegantissimi, ma in ordine: portare gli abiti che si indossano con eleganza e naturalezza), barba fatta e capelli pettinati (per gli uomini), trucco ben fatto ma non volgare (per le donne), un sincero e affabile sorriso (è l'unica espressione del viso che si vede da 45 metri di distanza), una stretta di mano energica e decisa ma non esagerata.

Che ne dici? È fattibile? Pensa che non hai ancora aperto bocca e ti sei già giocato la prima impressione. Ricordati sempre che la prima impressione la si ha una volta sola: non si ha una seconda possibilità!

Bene, è il momento della verità. Bisogna parlare… quanti modi conosci per dare il benvenuto? Scegli il migliore per la circostanza e, dopo aver salutato, interessati subito ai tuoi interlocutori, chiedi loro come stanno, e se per raggiungerti hanno dovuto viaggiare chiedi loro com'è andato il viaggio, se è stato piacevole. Se arrivi tu a casa loro, datti un'occhiata intorno e cerca dei punti di contatto: ci sono in giro giocattoli? Fotografie? Trofei? C'è un giardino? È curato? Chi taglia l'erba? Hanno un animale domestico?

Ricordati di salutare e di presentarti ad ogni membro della famiglia. Se ci sono dei bambini, abbassati al loro livello, fai loro un bel sorriso e presentati, chiedi il loro nome, quanti anni hanno, memorizza tutti i nomi e chiama ogni componente della famiglia per nome. Se in un angolo c'è la nonna che fa la maglia, avvicinati, presentati, coinvolgila.

Sembra tutto costruito, lo so. Eppure se ti trovassi a casa di un amico o di un conoscente sarebbe tutto naturale, non trovi? Sarebbe buona educazione, e allora perché non deve essere altrettanto naturale a casa del cliente? Sei da lui per conoscerlo: inizialmente, quindi, devi essere estremamente naturale e conviviale. È il primo approccio: per il momento trascura la casa e occupati delle persone.

SEGRETO n. 24: la prima impressione avviene una volta sola. Fai in modo che avvenga in maniera estremamente naturale, come se stessi entrando in casa di un amico che ti presenta la propria famiglia. Dai attenzione alle persone e per il momento trascura la casa.

Ascolta attentamente le parole che vengono utilizzate dalle persone che hai di fronte: se nel descriverti una cosa o una situazione utilizzano termini specifici riguardanti la vista o l'udito o le sensazioni, rivolgiti loro con lo stesso linguaggio.

Se il marito nel descriverti la casa ti mostra la luminosità e la moglie ti fa apprezzare quanto sia silenziosa, il modo corretto di comunicare è quello di rivolgerti al marito con termini visivi, ad esempio: l'ampiezza delle stanze, la vista che si ha, lo spazio ecc., mentre con la signora dovrai essere prodigo di particolari, apprezzare il suo impegno nel rendere armonica la casa, cercare di ascoltarla sinché non finisce di parlare e risponderle con precisione, e utilizzando il più possibile un linguaggio appropriato e con le parole che lei ha pronunciato maggiormente.

I cinestetici, invece, sono portati a parlare di solidità, tangibilità, sicurezza, emozioni; amano toccare le cose e parlano lentamente e con un tono molto basso e privo di ritmo. I visivi necessitano di vedere fotografie, planimetrie, si spiegano a gesti, parlano velocemente. Gli auditivi vogliono descrizioni particolareggiate: bisogna parlare senza variare troppo il tono di voce. I cinestesici hanno bisogno di tempo per riflettere, necessitano di essere rassicurati.

Rivolgendoci ad ogni componente della famiglia con il tono e nel modo appropriato, cattureremo l'attenzione e la simpatia di ognuno, facilitando in maniera esponenziale il nostro lavoro di familiarizzazione.

Inizialmente ci sembrerà impegnativo fare tutte queste cose. Il suggerimento è quello di cominciare ad allenarsi con i colleghi, i parenti, gli amici. Cominciamo ascoltando e cercando di capire a quale categoria appartengono, e proseguiamo un po' alla volta con il comunicare con ognuno nel modo a lui congeniale.

Dopo qualche tempo ci verrà automatico e cominceremo a farlo sempre, con chiunque. A questo punto, come per magia, risulteremo più simpatici, saremo capiti più facilmente, avremo maggior successo con chiunque. Che ne dici? Vale la pena di provarci? Te la senti di metterti alla prova?

Ricordati che sei ancora all'inizio dell'appuntamento, siamo ancora nei primi minuti. Evita di cadere nell'errore di dedicarti alla casa, interessati alle persone, familiarizza: quanti sono in famiglia, da quanto tempo sono sposati? Hanno figli? Che lavoro fanno? Da quanto tempo abitano qui? Come si trovano? Per quale motivo hanno scelto questa casa quando l'hanno acquistata? Hanno fatto un mutuo per comprarla? Lo stanno ancora pagando? È a tasso fisso o variabile? E la rata? È sostenibile? Si sono ambientati subito? Hanno stretto amicizie con i vicini di casa? Comprerebbero un'altra casa nello stesso quartiere? Perché hanno deciso di vendere?

Analizza attentamente le domande e la loro sequenza: secondo te c'è una correlazione fra loro? Infatti, sono tutte domande in apparenza banali ma in realtà sono tutte domande di avvicinamento all'ultima: «Perché vendete?» E sono tutte domande le cui risposte ti permetteranno di capire se la risposta all'ultima domanda è reale o meno. Immagina di essere a casa di una famiglia che ti dice di abitare in quella casa da un anno, di non conoscere i vicini e di aver scelto quella casa perché era comoda per raggiungere agevolmente il lavoro; ora però la famiglia cerca dalla parte opposta della città e non ricomprerebbe casa nello stesso quartiere. Inoltre ti viene detto che la casa è messa in vendita perché la famiglia cerca una nuova casa che sia più comoda per gli spostamenti.

Secondo te c'è congruenza? Le prime risposte combaciano con l'ultima? O c'è qualcosa che va approfondito? Io personalmente mi sentirei di approfondire i motivi per cui vendono, perché se hanno acquistato lì per la vicinanza al lavoro e ora mi dicono che acquistano in un altro quartiere per comodità c'è un'incongruenza. E poi perché non hanno fatto amicizia con i vicini? Sono poco conviviali o il quartiere è poco accogliente?

Questi sono punti fondamentali e dobbiamo mai accontentarci di risposte evasive. Attraverso queste domande stiamo ricevendo le informazioni che ci permetteranno di capire se il nostro interlocutore è seriamente intenzionato a vendere, e per quali motivi. Dalle risposte a queste domande dipenderà la nostra decisione di gestire o meno la vendita della casa.

SEGRETO n. 25: durante la familiarizzazione scopriamo chi è la persona che abbiamo davanti. Tutte le informazioni che ci

darà in forma di conversazione amichevole ci serviranno per decidere se è abbastanza motivato per lavorare con lui o meno.

Perché decidiamo se lavorare con un cliente in base alla sua motivazione? Immagina di avere di fronte a te un venditore che vende casa solo se gli viene offerta una determinata cifra, e che questa cifra sia nettamente superiore al valore della casa. Lo stesso venditore non ha necessità reali di cambiare casa, quindi sarà irremovibile sul prezzo.

Ti conviene investire i tuoi soldi nella promozione di un immobile che sai già a priori che non sarà venduto? Inoltre, a fine rapporto il venditore parlerà bene o male di te? Il fatto che per mesi hai pubblicizzato un immobile e alla fine non l'hai venduto ti gioverà o screditerà la tua immagine? Sotto l'aspetto morale, poi, sarai motivato o no a lavorare su un immobile del genere?

Di solito poi i clienti poco motivati sono anche quelli che fanno maggiori obiezioni sulle provvigioni: non avendo forti motivazioni fanno fatica a percepire i benefici del nostro servizio.

Conosco tanti agenti immobiliari che dicono sia meglio lavorare su tutti gli immobili. Immancabilmente poi sono gli stessi che si lamentano che il mercato va male, che i clienti non pagano, che sul mercato ci sono solo immobili poco commerciabili e che i venditori chiedono prezzi folli. Eppure sono stati proprio loro con un atteggiamento poco professionale a creare i presupposti per il verificarsi di questa situazione: ne conosci qualcuno anche tu per caso?

E tu? Su quali immobili intendi lavorare e investire? Su quelli vendibili o su quelli invendibili? Vuoi fare la differenza o vuoi essere un agente immobiliare qualunque? Vuoi conquistare un cliente o vuoi provare a vendere un immobile?

Questo è il momento della verità: stai decidendo che tipo di attività vuoi avere, stai scegliendo se essere un professionista che ha a cuore i propri clienti o un venditore che punta solo alle provvigioni. Sì, la differenza è proprio questa: sei un venditore o sei un consulente? I consulenti sono coloro i quali mettono il cliente prima delle provvigioni e, alla lunga, sono quelli che lavorano con immobili al giusto prezzo, quelli che lavorano sulle conoscenze, quelli vendono in tempi brevi anche in momenti di crisi di mercato. Il venditore, viceversa, è sempre alla ricerca di nuovi clienti perché molto difficilmente lavora due volte con lo stesso cliente.

SEGRETO n. 26: scegli. Vuoi essere un consulente o un venditore? Vuoi avere a cuore il bene dei tuoi clienti o vuoi pensare solo alle provvigioni? Siamo nell'era della comunicazione: solo chi lavora con qualità fa il salto evolutivo. Posizionati e scegli per quello che ti senti di essere.

Ora che sai perché devi essere tu a decidere di lavorare o meno con il venditore, rimane però da capire come effettuare la scelta. Abbiamo detto che stai chiacchierando con il cliente. Non hai ancora visionato la casa, stai conoscendo le persone che hai di fronte. Ora che stai comunicando con lui cerca di approfondire, gestisci la comunicazione attraverso le domande; per evitare che si trasformi in un interrogatorio, avvisalo che al fine di conoscerlo meglio gli farai una sorta di intervista, comunicagli che lo fai perché se non sai chi è né di che cosa necessita non sarai in grado di aiutarlo; è fondamentale che percepisca il fatto che sei maggiormente interessato a lui che al suo immobile.

Ora ti allego un elenco che ti dà il livello di motivazione del cliente venditore. Le domande da fare per ottenere tali risposte sceglile tu in base al tuo carattere, al tuo modo di essere; se utilizzi termini o schemi che non sono tuoi l'altra persona percepirà che stai recitando e verrà meno la fiducia.

Qualificazione - Il cliente venditore

Il cliente è qualificato quando di lui sappiamo:

- **motivazioni reali** (trasferimento di lavoro; nascita di figli; debiti; separazione/divorzio; matrimonio; ha già fatto un'offerta per un altro immobile);
- **motivazioni fittizie** (vuole cambiare zona; vuole una casa più bella e vicino a …, decessi/eredità);
- **tempistiche** (ha già acquistato un'altra casa e deve rogitare? È in affitto? Deve dare disdetta? Si sposa e quindi deve concludere entro il matrimonio? C'è una separazione quindi ci sono tempistiche dettate dal fatto di non riuscire a pagare affitto e mutuo insieme?);
- **chi ha il potere decisionale** (il marito? La moglie?

Entrambi? Chiederanno consiglio ai genitori che hanno dato loro una parte dei soldi al momento dell'acquisto? Sono tutti presenti quelli che decidono al momento dell'appuntamento?);

- **nucleo familiare** (quanti sono? Ci sono figli, nonni, suoceri ecc?);
- **impiego** (imprenditore o dipendente? Lavorano entrambi i coniugi? A tempo determinato o indeterminato?);
- **mutuo** (si o no? Con quale banca? Tasso fisso o variabile? Quanto manca da estinguere? Dovranno pagare una penale di estinzione anticipata?);
- **da quanto tempo il cliente è proprietario dell'immobile** (ha fatto delle modifiche? Di che genere? Sono state regolarmente autorizzate?);
- **perché proprio quella casa** (che cosa gli è piaciuto? Che cosa avrebbe migliorato?);
- **situazione catastale e urbanistica** (catastalmente l'immobile è in regola? Gli impianti sono certificati? Ci sono ipoteche? Qualcuno vanta dei diritti reali sull'immobile?).

Esperienza personale

Ronco di Ghiffa, sul Lago Maggiore, a 7 km da Verbania. Il cliente abita in una casa indipendente che nel corso degli anni è stata ristrutturata. Originariamente l'immobile era così strutturato: al piano terra c'erano l'ingresso con vano scala di accesso al piano primo, cantina, corridoio, ampia autorimessa; al primo piano superiore c'erano la cucina con balcone, il soggiorno, due camere da letto e bagno.

La ristrutturazione ha trasformato l'immobile in questo modo: l'autorimessa è diventata una cucina abitabile con accesso diretto a un terrazzo pavimentato con piccolissima vista sul lago; soggiorno rettangolare stretto e lungo dove prima cera il corridoio che è stato allargato, con inserimento in un angolo del camino a legna; piccolissimo studiolo dove c'era la cantina e bagno dove c'era l'ingresso; scala a vista che porta al primo piano dove è stata approntata la zona notte; al posto della cucina è stato creato il locale lavanderia-stireria; il soggiorno è diventato una camera; le due camere sono rimaste tali, così come anche il bagno. Dal primo piano si ha una parziale vista lago, quasi completamente ostruita da alcune piante dei terreni attigui. Al posto dell’autorimessa adesso c’è una tettoia improvvisata e mai approvata dal Comune, posizionata a fianco della casa.

Il proprietario chiede di realizzare una somma che supera la mia valutazione di quasi il 40%, e si giustifica dicendo che casa sua è tutta ristrutturata e che quelli sono i prezzi delle case indipendenti in zona, che si è informato e che i valori al metro quadro sono quelli.

Inutile tentare di spiegargli che la sua casa, per quanto ristrutturata, è stata troppo personalizzata e che il numero di potenziali clienti è infinitamente minore di quello delle case classiche proposte alla stessa somma. Inoltre il proprietario comincia a fare affermazioni del tipo che ha fretta e che non dà l’esclusiva perché tanto non serve, e che se voglio vendere casa sua le regole sono quelle.

Inutile dire che mi sono rifiutato, anzi ho cominciato a porre domande completamente differenti, chiedendo quale genere di lavoro fa, quale hobby ha, quanti sono in famiglia. Poi, come se fossi stato illuminato, ho sparato a bruciapelo una domanda chiusa: «Ma ha già visto qualche immobile che le interessa per avere tutta questa fretta?»

Ebbene, il cliente mi confessa che ha visto una casa e che, per non farsela scappare, ha fatto un'offerta lasciando una caparra di 60.000 euro, consigliato da un altro agente immobiliare che nel fare la valutazione di casa sua gli ha detto che in due mesi al massimo gliela avrebbe venduta.

Di mesi ne erano passati già quattro e di clienti nemmeno l'ombra. Ora, tutte le agenzie immobiliari di Verbania e dintorni stavano proponendo quella casa nella speranza di trovare qualcuno che la volesse.

Apparentemente il cliente era fortemente motivato a vendere. Scavando di più però ho saputo che per poter acquistare l'altra casa il cliente doveva fare un mutuo al limite delle proprie possibilità e aggiungere ancora parecchi soldi, che lui - in virtù della valutazione del collega - doveva recuperare dalla vendita di casa sua.

Per farla breve: se accettava un prezzo più basso non avrebbe più potuto acquistare l'altra casa, a quel prezzo non c'era mercato e da lì a due mesi il cliente avrebbe perso 60.000 euro di caparra. La mia scelta è stata molto chiara: ho avvisato il cliente che secondo me aveva fatto una proposta fuori della sua portata, che per non rimetterci aveva ancora il tempo per mettere in vendita in fase di compromesso l'altra casa (che era sicuramente più vendibile della sua), che in tal maniera recuperava la caparra e male che gli fosse andata avrebbe dovuto pagare l'agenzia per il lavoro svolto.

Dopotutto rimetterci 5000 o 6000 euro è sempre meglio che 60.000, no? Successivamente avrei messo in vendita casa sua, e una volta trovato l'acquirente interessato, consapevole del capitale di cui avrebbe disposto, avrei cercato una casa adatta alle sue necessità.

Il cliente si è trovato sbigottito di fronte a una tale offerta, anche perché nessuno gli aveva mai detto niente del genere e di agenzie in quattro mesi ne aveva viste parecchie, di clienti sicuramente di meno.

La mia scelta è stata quella di dire al cliente che a quelle condizioni non ero in grado di essergli utile e che non volendolo offendere sceglievo di non proporre in vendita la sua casa.

Così ci siamo salutati e nel fargli tanti auguri per la vendita gli ho lasciato il mio biglietto da visita. Circa tre mesi più tardi in ufficio mi si è presentato un signore con la moglie, chiedendo di me. Mi sono presentato e ho chiesto loro come potevo essere d'aiuto. Mi hanno messo in mano il mio biglietto da visita e mi hanno detto che li mandava da me un loro conoscente, dicendo che su tante agenzie a Verbania ero stato l'unico a essere stato onesto con lui, che gli avevo proposto soluzioni concrete e che, per sua testardaggine, non aveva voluto ascoltarmi.

Era il famoso cliente di Ronco! Alla fine aveva perso la caparra e al momento non era in grado di cambiare casa perché il suo capitale, a causa di quella grave perdita, si era ridotto in maniera drastica. Avendo però saputo che questi suoi conoscenti dovevano cambiare casa li ha indirizzati da me in quanto ero stato l'unico a essere sincero e, addirittura a rifiutarmi di lavorare su casa sua a condizioni inaccettabili.

Con questi clienti è nato subito un ottimo rapporto, grazie anche alle premesse; si sono fidati e mi hanno dato da vendere la propria casa al prezzo da me consigliato.

Ho fatto due conti: per aver fatto una chiacchierata con un cliente, avergli dato dei consigli spassionati, aver investito in un biglietto da visita ho fatto una vendita con dei suoi conoscenti, e ho anche risparmiato i soldi che mi sarebbero serviti per promuovere la sua casa invendibile. Per ringraziare il cliente del gesto spontaneo, al momento della vendita della casa dei suoi conoscenti ho ricontattato il cliente di Ronco e l'ho ringraziato per la fiducia, gli ho comunicato che i suoi conoscenti si erano trovati bene e che avevano venduto con me. E per sdebitarmi gli ho donato una somma di denaro pari a quella che avrei speso per la promozione di casa sua se avessi deciso di gestirla.

Ancora oggi con questo cliente capita di sentirci e di scambiarci informazioni. Non mi ha mandato ancora altri clienti, ma in un paio di occasioni mi ha fatto conoscere gente interessante che poi nel tempo è diventata mia cliente.

È questo il modo di lavorare che mi piace e al quale ambisco: clienti soddisfatti che mi segnalano ad altri clienti, anche se, come in questo caso, non sono mai stati miei clienti diretti.

RIEPILOGO DEL GIORNO 3:

- SEGRETO n. 21: quando vai da un cliente venditore devi avere come unico scopo quello di conoscere una persona nuova, ed essere interessato alle persone prima che alla casa, al fine di scoprire quali sono le esigenze e le reali motivazioni a vendere della famiglia che deve cambiare casa.
- SEGRETO n. 22: sei tu a scegliere se gestire l'immobile dopo aver appurato le reali motivazioni del venditore, non il cliente a decidere se darti la casa da vendere o meno. Questa è la differenza fra un professionista e i tanti che si professano tali.
- SEGRETO n. 23: siamo noi ad avere bisogno del cliente o è il cliente ad aver bisogno di noi? Se siamo certi del servizio che offriamo è il cliente ad aver bisogno di noi, per poter vendere al miglior prezzo di mercato nel minor tempo possibile.
- SEGRETO n. 24: la prima impressione avviene una volta sola. Fai in modo che avvenga in maniera estremamente naturale, come se stessi entrando in casa di un amico che ti presenta la propria famiglia. Dai attenzione alle persone e per il momento trascura la casa.
- SEGRETO n. 25: durante la familiarizzazione scopriamo chi è la persona che abbiamo davanti. Tutte le informazioni che ci

darà in forma di conversazione amichevole ci serviranno per decidere se è abbastanza motivato per lavorare con lui o meno.

- SEGRETO n. 26: scegli. Vuoi essere un consulente o un venditore? Vuoi avere a cuore il bene dei tuoi clienti o vuoi pensare solo alle provvigioni? Siamo nell'era della comunicazione: solo chi lavora con qualità fa il salto evolutivo. Posizionati e scegli per quello che ti senti di essere.

GIORNO 4:
Come presentare gli immobili

La presentazione dell'immobile è una fase molto delicata della promozione: da questa operazione, infatti, arriveranno le richieste. Di conseguenza, prima di effettuare questa presentazione è fondamentale porsi alcune domande: quale scopo voglio raggiungere dalla promozione di un'immobile? Che genere di cliente voglio attrarre? Voglio pubblicizzare esclusivamente l'immobile o voglio promuovere anche la mia attività?

Le risposte a queste domande determineranno e influenzeranno sia la promozione che il risultato che ne deriverà; infatti, a seconda che la presentazione avvenga nel taluno o talaltro modo otterrai risultati differenti.

Immaginiamo, ad esempio, di dover promuovere la vendita di un appartamento di due locali - oltre servizi - in centro storico, con possibilità di parcheggio e riscaldamento autonomo, ristrutturato e libero in tempi brevi.

Quali sono gli strumenti per pubblicizzare un immobile del genere? Qual è il target di clientela che si può interessare a questo immobile? Per quale motivo può interessare? Dove il potenziale cliente cercherà informazioni sull'immobile in vendita? Economicamente, questo immobile è più o meno interessante rispetto ad altri immobili simili attualmente in vendita per composizione, finiture e posizione?

Rispondiamo alle domande una alla volta e analizziamo quelle che sono le varie alternative.

SEGRETO n. 27: i principali strumenti di promozione di un immobile sono: il cartello sullo stabile, le riviste di settore, la newsletter, le locandine locali, i volantini, le brochure, internet e la banca dati di richieste.

Il cartello come deve essere strutturato? Ci metto tutta la descrizione o semplicemente la scritta "vendesi"? Trattandosi di un immobile in centro, se metto la descrizione intera quale genere di opportunità creo? È plausibile dire che in quel caso riceverò esclusivamente le chiamate di chi cerca un due locali?

Per ampliare al massimo la pubblicità offerta dal cartello è bene semplificare al massimo la descrizione, ad esempio, scrivendo semplicemente: «Vendesi appartamento», riceverò le chiamate di tutti i clienti che cercano un appartamento in centro, sia un bilocale o un quattro locali con doppi servizi. Così facendo, nel momento in cui ricevo la chiamata potrò qualificare il cliente e creare banca dati per andare a ricercare immobili con richieste concrete già attive. Il cartello, però, come dovrà essere strutturato?

È bene che il cartello riporti i colori e il logo dell'agenzia ben in vista; inoltre, visto, che lavoriamo con le persone è bene che il nome e cognome compaiano ben visibili e delle stesse dimensioni del logo dell'agenzia, con i recapiti telefonici in bella vista. La scritta con la descrizione dovrà essere al massimo di tre o quattro parole, e occupare la parte centrale del cartello stesso.

Così facendo avrò un cartello proporzionato che catturerà

l'attenzione creando interesse. Un modo molto efficace di strutturare il cartello è quello di dividere ipoteticamente il cartello in tre parti uguali nel verso orizzontale, dedicando la parte alta al logo dell'agenzia e al mio nome, la parte centrale alla descrizione dell'immobile, la parte bassa ai numeri da chiamare o all'indirizzo email.

Una struttura di questo tipo permette di sfruttare al massimo quelle che sono le regole della comunicazione scritta per attirare l'attenzione e, inoltre, se avrò più di un cartello in giro per la città ognuno lavorerà e creerà richieste anche per gli altri immobili gestiti da me.

<table>
<tr><td align="center">nome agenzia
e mio nome</td><td align="center">logo
agenzia</td></tr>
<tr><td colspan="2" align="center">VENDESI
APPARTAMENTO</td></tr>
<tr><td colspan="2">recapiti d'agenzia
telefono, fax, sito internet e indirizzo email</td></tr>
</table>

SEGRETO n. 28: il cartello va strutturato in maniera tale da essere accattivante e interessante, per catturare l'attenzione del maggior numero di clienti.

Lo stesso criterio dovrà essere applicato alla descrizione per l'annuncio sulle riviste e sulle locandine. Se metto una descrizione troppo dettagliata il cliente si sentirà soddisfatto e non chiamerà. Se, invece, studio un annuncio accattivante, utilizzando cioè vocaboli coinvolgenti e accattivanti, riceverò un gran numero di chiamate da trasformare in banca dati.

Un esempio di annuncio limitante è il seguente: «Pieno centro storico, via Italia, appartamento di due locali con ingresso sul soggiorno e angolo cottura, con camera e bagno. Ristrutturato. Riscaldamento autonomo. Secondo piano. Libero entro trenta giorni dal preliminare. Richiesta euro ...»

Con un annuncio del genere attirerò esclusivamente l'attenzione di quei clienti che cercano in pieno centro, che necessitano di un due locali, che hanno a disposizione un capitale superiore o uguale a quello proposto e che sono disposti a vivere al secondo piano.

Un modo decisamente più costruttivo di formulare lo stesso annuncio è sicuramente il seguente: «Vendesi appartamento in zona centrale, libero anche subito, occasione imperdibile». Il tutto accompagnato da una foto ben scattata dello stabile o, in mancanza di una foto degna dello stabile, di un particolare accattivante dell'alloggio o della vista dallo stesso.

Questo genere di annuncio attirerà l'attenzione di tutti i clienti che cercano in zona centrale (vago: non solo il centro storico) per qualunque tipologia di appartamento, per qualunque prezzo, dal più basso al più alto, per qualunque esigenza di tempo; infatti, le parole *libero anche subito* lasciano aperta una possibilità sia per chi ha fretta sia per chi cerca con tutta calma.

Inoltre, la scritta *occasione imperdibile* vuol dire tutto e non vuol dire nulla, quindi crea interesse perché non dà risposte. Infatti, molti potrebbero chiamare proprio perché ingolositi dalla possibilità di fare un affare: sarà nostra bravura far parlare il cliente e raccogliere una richiesta dettagliata del tipo di immobile che il cliente cerca, così da potergli proporre altre soluzioni più idonee a lui e alle sue esigenze.

Discorso completamente diverso invece per l'annuncio su internet. I clienti che provengono da internet sono molto esigenti, sono abituati ad avere molte informazioni, a visionare parecchie fotografie, a conoscere in anticipo il prezzo, ad avere descrizioni dettagliate e particolareggiate di dimensioni, forme e materiali. Spesso su internet è possibile visionare i filmati dell'alloggio.

Su alcuni siti è già attiva la funzione per la quale si può vedere la mappa della città con l'ubicazione precisa dell'immobile. Infatti il cliente che lascia la sua richiesta da internet è un cliente particolare, che fa confronti con altre soluzioni in vendita, che ha poco tempo da perdere, che ha idee molto chiare. Di conseguenza, dovremo andare a creare la scheda dell'immobile in maniera tale da renderla semplice, consultabile in pochi secondi, con descrizioni, foto, planimetrie della casa, informazioni sulla zona e sul quartiere, sulla vicinanza o meno di servizi e quant'altro.

La nuova generazione di acquirenti, quella di chi arriva da

internet, ha esigenze di gran lunga differenti dai clienti che arrivano dalla rivista o dal cartello. Di solito consultano le schede dal posto di lavoro o la sera a casa, quindi difficilmente chiameranno, mentre è molto più facile che mandino un'email, alla quale dovremo rispondere entro 48 ore al massimo, meglio ancora se in 24, altrimenti il cliente è quasi sicuramente perso.

Come rispondere però all'email di richiesta è un'altra questione. Anche in questo caso è molto importante differenziarsi, quindi, anziché rispondere alle richieste del cliente, possiamo contattarlo direttamente al telefono se ha lasciato un numero, e iniziare una pre-qualificazione per poi invitarlo a un incontro per approfondire. Invece, se ha lasciato solo un indirizzo email, rispondiamo inviando i nostri recapiti e chiedendo un contatto telefonico per meglio identificare la sua richiesta. Infatti è impossibile instaurare un rapporto di conoscenza via email: è un mezzo troppo impersonale.

Per quanto riguarda la banca dati abbiamo già visto nel Giorno precedente come utilizzarla, quindi non ci soffermeremo più sull'argomento.

Ci dedicheremo invece all'identificazione del tipo di cliente al quale possiamo rivolgerci. Infatti l'immobile che stiamo promuovendo è l'ideale per i giovani chc vanno a vivere da soli o per i separati che tornano a vivere da soli, per le coppie giovani senza figli o per gli investitori che vogliono immobili da mettere a reddito e facili da affittare.

Per le singole categorie di clienti andremo a pubblicizzare la soluzione da vendere negli ambienti in cui più facilmente troveremo interesse, ossia presso gli studi di commercialisti, associazioni di categoria, consulenti del lavoro (per quanto riguarda gli investitori), spargendo la voce fra gli avvocati se vogliamo dedicarci ai separati, presso gli studi tecnici per tutte le altre tipologie.

Mantenere i rapporti con i tecnici e i liberi professionisti è importantissimo: è vero che per legge non possono fare intermediazione, ma visto che in un certo senso la fanno comunque e spesso hanno le richieste ma non sanno come soddisfarle, vale la pena averli come alleati piuttosto che come concorrenti.

In questo modo, collaborando, avremo la possibilità di effettuare delle vendite a clienti con i quali non abbiamo contatti, e allo stesso tempo riusciremo a fidelizzare un tecnico che spesso oltre alle richieste ha anche immobili da vendere, sia per clienti propri che da parte dei costruttori che gli commissionano i progetti.

SEGRETO n. 29: mantieni buoni rapporti con i tecnici e i liberi professionisti che hanno un ruolo nell'attività di mediazione immobiliare.

Come si presenta però l'immobile? È sufficiente un buon annuncio?

Lo scopo dell'annuncio è quello di attrarre il maggior numero di richieste e di avere quindi la possibilità di proporre a chi chiama il maggior numero di alloggi corrispondenti alle sue esigenze. Per fare ciò dobbiamo per prima cosa identificare quelle che sono le caratteristiche dell'immobile, farne un elenco (consiglio di scriverlo) e abbinare ad ogni caratteristica un beneficio specifico, ad esempio:

- **caratteristica**: appartamento in centro storico - **beneficio**:

prestigio, e comodità per spostarsi senza dover usare i mezzi pubblici o privati;

- **caratteristica**: ristrutturato - **beneficio**: nessuna spesa per i prossimi anni;
- **caratteristica**: riscaldamento autonomo – **beneficio:** contenere le spese di gestione, possibilità di avere il riscaldamento nelle ore e periodi in cui serve;
- e altre ancora…

SEGRETO n. 30: lo scopo di ogni annuncio è quello di attrarre il maggior numero di richieste, per avere una ricca rosa di alloggi da proporre, adatti alle esigenze di chiunque.

Una volta identificato il beneficio andremo a promuovere l'immobile attraverso i potenziali benefici e non le caratteristiche, che sono invece molto fredde e impersonali. Pensate, infatti, alla differenza enorme che passa nei due differenti modi di promuovere lo stesso immobile:

- **esempio con le caratteristiche**: *vendesi appartamento di due locali oltre servizi, ristrutturato, in centro storico, con riscaldamento autonomo e possibilità di parcheggio.*

Consegna in tempi brevi;

- **esempio con i benefici**: *vendesi appartamento strategicamente ubicato e comodo per non dover utilizzare i mezzi pubblici, con possibilità di contenere i costi e gestire le richieste di riscaldamento, nessun lavoro di manutenzione per i prossimi anni, con la possibilità di soddisfare le necessità di chi utilizza l'auto e disponibile a seconda delle necessità dell'acquirente.*

Hai notato qualche differenza? Quale dei due trovi maggiormente stimolante? Quale ha colpito maggiormente la tua fantasia?

Sono le stesse domande che inconsapevolmente si pone un acquirente: quindi dobbiamo fare in modo di strutturare gli annunci nel miglior modo possibile per far sì che l'investimento pubblicitario abbia il massimo riscontro possibile permettendoci di entrare in contatto con il maggior numero di clienti. E, se anche al cliente non dovesse andare bene questa soluzione, avremo la possibilità di proporgli altri immobili.

Semplicità e **chiarezza**: sono le chiavi per un annuncio efficace.

L'annuncio, però, è solo il primo passo per promuovere un alloggio. Per ogni immobile, infatti, indipendentemente dal prezzo a cui viene proposto, è importante preparare e stampare della presentazioni su carta, delle vere e proprie brochure; anche senza stamparle in tipografia, basta seguire delle semplici regole di grafica e poi le stampe si possono fare direttamente in ufficio.

Teniamo sempre a portata di mano una decina di stampe per ogni immobile, in maniera tale che chiunque entri in ufficio abbia la possibilità di uscirne con qualche proposta concreta. Hai mai provato a fare un giro delle agenzie come acquirente?

È un esperimento interessante: potresti avere un'idea abbastanza precisa del livello professionale dei tuoi concorrenti! Io ho provato e il risultato è stato il seguente: nella maggior parte delle agenzie sono stato accolto con sufficienza, poca attenzione e cortesia mi sono state riservate, solo una metà, circa, dei funzionari con cui ho parlato ha raccolto una mia richiesta in forma scritta e di questi una percentuale ancora inferiore mi ha chiesto di firmare l'autorizzazione per la raccolta dei dati personali.

Solo negli uffici più strutturati avevano un modulo preciso per raccogliere le mie richieste e seguivano una scaletta per l'intervista; nella maggior parte dei casi sono uscito dai loro uffici con un semplice biglietto da visita e nessun alloggio proposto. In nessun caso mi è stato dato un tempo preciso entro il quale sarei stato richiamato.

La mia proposta è la seguente:

- prepara una scheda che funzioni da traccia durante l'intervista; all'interno della scheda informativa dovranno essere riportate tutte le voci che servono per qualificare un cliente acquirente, compilala insieme all'interessato durante l'intervista e usala come traccia per fare una qualificazione precisa e completa che tocchi tutte le aree di interesse;
- stampa sul retro della scheda l'informativa sulla privacy e falla firmare alla persona che ti ha lasciato i propri dati: è necessario per legge, quindi è sintomo di professionalità. Raccogli e archivia le schede, e informa il cliente che entrerà a far parte di una banca dati e che potrà cancellarsi in qualunque momento su semplice richiesta, anche telefonica;
- prepara un faldone (*raccoglitore*) con le schede informative e

dettagliate di ogni immobile e utilizzalo per proporre al cliente le soluzioni più idonee alle sue esigenze; ogni volta che il cliente manifesta interesse per una soluzione aggiungi la relativa brochure e lasciala al cliente: dovrà portarla con sé quando esce dall'agenzia. Così facendo porterà un documento che gli ricorderà costantemente la tua agenzia e l'immobile che gli interessa, mantenendolo concentrato sulle tue offerte.

SEGRETO n. 31: tieni sempre pronta una brochure con le informazioni relative a ciascun immobile, per darla al cliente interessato, il quale potrà quindi rifletterci con calma, dopo il vostro incontro.

È molto importante fissare subito un appuntamento per visionare qualche immobile al primo incontro, perché il cliente è emotivamente coinvolto e si aspetta di visionare qualcosa a breve quando entra nel nostro ufficio. Se non abbiamo immobili idonei diamogli un termine entro il quale lo ricontatteremo e, cosa importantissima, entro quel termine ricontattiamolo, anche se solo per dirgli che non abbiamo ancora trovato nulla che corrisponda alle sue necessità.

Ti sei mai trovato nella condizione di entrare in un negozio con una necessità specifica? Cosa ti aspetti dalla persona che ti accoglie? Vorresti essere considerato? Se non trovi l'articolo che cerchi e il commesso ti comunica che entro tre giorni ti dirà se è riuscito a trovarlo, come ti sentirai uscendo dal negozio? Entrerai subito in un negozio simile o aspetterai la risposta del commesso? E se il commesso dopo tre giorni ti richiama, sarai contento?

Bene: la stessa situazione la vivono i nostri clienti, solo molto più ingrandita perché il bene che cercano ha un valore e un coinvolgimento emotivo enorme.

SEGRETO n. 32: ponendoci nei panni del nostro cliente riusciremo a dargli l'attenzione che merita, offrendogli il miglior servizio possibile, migliorando la qualità del nostro servizio e semplificando in maniera esponenziale il nostro lavoro.

Cos'altro possiamo fare per presentare gli immobili nel migliore dei modi? Quando siamo in visita con un acquirente l'immobile è adeguatamente preparato? Ci siamo raccomandati con il proprietario di far trovare tutte le finestre e le porte aperte, gli ambiente ben illuminati e arieggiati? Le luci sono accese? La casa è stata pulita e riordinata? Le tavolette dei wc sono abbassate? Sembrano cose banali vero? Eppure a quanti di noi è capitato di arrivare con un cliente e trovare la padrona di casa che cucina? Magari i cavolfiori?

A quanti di noi è capitato di arrivare in visita con un cliente e trovare i letti disfatti? E i giochi dei bambini sparsi per tutta la casa? Queste sono cose che fanno bene al nostro lavoro? E come fare per chiedere al proprietario di sistemare casa senza offenderlo e sembrare dei cafoni che gli dicono di avere la casa in disordine? Hai mai pensato di creare una check list in cui elenchi tutte le varie attività da svolgere per preparare un immobile alle visite?

Bene: preparane una e di fianco ad ogni voce posiziona un quadratino bianco, in maniera tale che il proprietario possa spuntare le voci che corrispondono a casa sua, così saprà di volta in volta cosa fare per preparare la casa e farla trovare al meglio. A noi basterà ricordargli di controllare la lista e poi farà tutto lui. Nessuna offesa: la lista è uguale per tutti, è un elenco di cose che permettono di proporre al meglio il proprio alloggio, la si consegna a tutti i clienti e ognuno agirà a propria discrezione.

SEGRETO n. 33: prepara una check list delle attività da fare in casa prima della visita con gli acquirenti e lasciala al venditore. Diventerà lui il controllore di casa sua e sarà lui a preparare la casa prima delle visite.

Durante l'appuntamento di vendita teniamo in considerazione le caratteristiche dei clienti acquirenti, il loro canale preferenziale di elaborazione delle informazioni (ricordi? Visivo, auditivo e cinestesico) e presentiamo loro l'immobile rispettando il loro canale: al visivo farai notare la luminosità e l'ampiezza dei locali; al cinestesico la solidità; all'uditivo la quiete, il silenzio e così via...

Prepara inoltre il proprietario, avvisalo che durante le visite dovrà stare in disparte, e se non è in casa è ancora meglio, perché almeno non influenzerà gli acquirenti: siamo noi i professionisti e siamo noi a sapere come si presenta un immobile, sappiamo noi quando parlare e quando tacere; inoltre, non siamo emotivamente coinvolti e quindi non rischiamo di parlare troppo o troppo poco.

Ti è mai capitato – o sono l'unico a cui è successo – di trovare dei proprietari che appena entri con il cliente cominciano a parlare e a mostrare ogni singolo dettaglio: la porta così, il marmo cosà, le finestre in quell'altro modo… senza darti modo di parlare e fare il tuo lavoro?

Anche in questo caso bisogna essere chiari, avvisare il proprietario che la visita la conduciamo noi, che sappiamo quello che facciamo e che abbiamo una tecnica e una procedura consolidata.

Acquirente e venditore poi sono le due parti diametralmente opposte. Ti è mai capitato che durante una visita il proprietario comincia a spiegare al posto tuo? Al momento di andare via cosa ha fatto il potenziale acquirente? I miei hanno sempre chiesto al proprietario se il prezzo era trattabile.

Conosci qualche altra cosa peggiore in un appuntamento di vendita che sentire proprietario e acquirente che discutono di prezzo? Quindi, meglio avvisare il proprietario di tacere e se proprio il venditore è ostinato, la soluzione migliore è quella di farsi accompagnare all'appuntamento da un/a collega che si occupi di tenere impegnato il proprietario mentre voi effettuate la vista. Che ne dici, si può fare?

SEGRETO n. 34: durante l'appuntamento di vendita fai in modo che venditore e acquirente si vedano e parlino il meno possibile. Se il venditore è un personaggio particolarmente apprensivo e presente fatti accompagnare da un/a collega che lo tenga impegnato durante la visita.

Stabilisci un protocollo da seguire durante la visita, evita di dire: «Questa è la cucina e questo è il bagno…». Gli acquirenti lo vedono, hanno già in mano la brochure e le planimetrie. Piuttosto, prima della visita avvisali che sarai il più silenzioso possibile.

Sono i venditori che parlano per convincere. I consulenti lasciano che le persone vivano la casa, che se la sentano addosso, che si emozionino, che si vedano viverci dentro. Tu seguirai o farai strada a seconda dei casi e, al massimo, sottolineerai alcuni particolari; nella maggior parte dei casi farai semplicemente delle domande.

Un eccellente esempio di domanda è la seguente: «Che ne pensate? Vi piace?» Se il cliente si sofferma a guardare il caminetto provate a chiedergli se riesce ad immaginarsi il calore del fuoco acceso durante l'inverno, mentre fuori nevica o fa freddo. Fategli vivere la casa, proiettatelo a immaginare di abitarci. Quando un acquirente si proietta e immagina di abitare o di arredare un alloggio, poi fa fatica a toglierselo dalla mente.

SEGRETO n. 35: durante la visita, anziché dire cose banali poni, domande che proiettino l'acquirente nella nuova casa; portalo a vivere gli ambienti, fallo emozionare. A questo punto il cliente si sentirà legato all'immobile senza nemmeno rendersene conto.

Esperienza personale

Candoglia, frazione di Mergozzo, a 18 km da Verbania, Lago Maggiore. Casa di corte originaria del 1600 su due livelli, ristrutturata, senza particolari pregi storici, tuttavia molto caratteristica: muri perimetrali in sasso, soffitti in legno, finestre strette, gli ambienti suddivisi in sequenza, ottima come seconda casa ma in una zona non propriamente turistica, tuttavia vendibile. La parte più impegnativa in fase di promozione era proprio la visita all'immobile.

Pur qualificando in maniera ottimale i potenziali acquirenti, in fase di appuntamento i proprietari, due amabili e gentilissimi signori in pensione, si prodigavano in spiegazioni su quelli che erano i pregi e i difetti della casa, spesso sottolineando le difficoltà di vivere l'immobile tutto l'anno e il fatto che integravano il riscaldamento a metano con quello a legna. La conseguenza naturale è stata quindi sempre quella di spaventare i potenziali acquirenti e di farli soffermare principalmente sugli aspetti negativi, sulle spese di gestione, sulla mancanza di servizi nelle immediate vicinanze.

I proprietari hanno sempre agito in buona fede, durante gli appuntamenti sono sempre stati molto cordiali e ospitali, anche troppo: offrivano il caffè a me e ai potenziali acquirenti, intrattenendosi in amabili e simpatiche chiacchierate.

Il fatto è che in queste chiacchierate davano una serie di informazioni che al cliente creavano dubbi e incertezze. È giusto dire a un cliente tutto della casa, sia i pregi che i difetti. Mentre si presentano i difetti, però, ci si deve soffermare di più sulle possibili soluzioni che non sul difetto in sé.

Per poter fare le visite con maggior metodo e tranquillità ho iniziato a portare con me un collega, il quale faceva vedere l'immobile secondo le mie indicazioni mentre io intrattenevo i proprietari, raccontando loro come il cliente era arrivato a noi e come ci aveva lasciato la richiesta con la successiva decisione di fissare l'appuntamento.

In questo modo siamo riusciti a far visionare l'immobile ai potenziali acquirenti con tranquillità, dando loro il tempo di vivere la casa e di apprezzarne i pregi e i difetti, senza enfatizzare né esaltare gli uni e gli altri.

Il risultato è stato quello di ritirare un'offerta al terzo appuntamento effettuato con questa tecnica, con estrema soddisfazione dei venditori, che ancora oggi ignorano completamente la strategia utilizzata e mi sono riconoscenti per l'ottimo lavoro svolto.

RIEPILOGO DEL GIORNO 4:

- SEGRETO n. 27: i principali strumenti di promozione di un immobile sono: Il cartello sullo stabile, le riviste di settore, la newsletter, le locandine locali, i volantini, le brochure, internet e la banca dati di richieste.
- SEGRETO n. 28: il cartello va strutturato in maniera tale da essere accattivante e interessante, per catturare l'attenzione del maggior numero di clienti.
- SEGRETO n. 29: mantieni buoni rapporti con i tecnici e i liberi professionisti che hanno un ruolo nell'attività di mediazione immobiliare.
- SEGRETO n. 30: lo scopo di ogni annuncio è quello di attrarre il maggior numero di richieste, per avere una ricca rosa di alloggi da proporre, adatti alle esigenze di chiunque.
- SEGRETO n. 31: tieni sempre pronta una brochure con le informazioni relative a ciascun immobile, per darla al cliente interessato, il quale potrà quindi rifletterci con calma, dopo il vostro incontro.
- SEGRETO n. 32: ponendoci nei panni del nostro cliente riusciremo a dargli l'attenzione che merita, offrendogli il

miglior servizio possibile, migliorando la qualità del nostro servizio e semplificando in maniera esponenziale il nostro lavoro.

- SEGRETO n. 33: prepara una check list delle attività da fare in casa prima della visita con gli acquirenti e lasciala al venditore. Diventerà lui il controllore di casa sua e sarà lui a preparare la casa prima delle visite.
- SEGRETO n. 34: durante l'appuntamento di vendita fai in modo che venditore e acquirente si vedano e parlino il meno possibile. Se il venditore è un personaggio particolarmente apprensivo e presente fatti accompagnare da un/a collega che lo tenga impegnato durante la visita.
- SEGRETO n. 35: durante la visita, anziché dire cose banali poni, domande che proiettino l'acquirente nella nuova casa; portalo a vivere gli ambienti, fallo emozionare. A questo punto il cliente si sentirà legato all'immobile senza nemmeno rendersene conto.

GIORNO 5:
Come qualificare un cliente acquirente

La qualificazione di un cliente acquirente è molto simile a quella del cliente venditore, ma è importantissimo iniziare capendo il motivo per il quale si qualifica il cliente acquirente. I clienti possono essere motivati e non motivati: attraverso il processo di qualificazione andrai a quantificare quanto il cliente è motivato ad acquistare, in una scala di valori da 0 a 10, dove 10 è il massimo della motivazione.

Questo viene fatto perché un cliente motivato è una persona che merita tutta la tua attenzione, è il cliente che comprerà casa da qui a un mese, con te o senza di te: vale perciò la pena di investire tempo e risorse su di lui per essere tu la persona che faciliterà il processo d'acquisto per lui.

Il cliente che ha una bassa motivazione, viceversa, ti richiede molto tempo, è spesso confuso, non sai bene cosa voglia, e ti chiede di visionare un'infinità di abitazioni senza mai sceglierne una: questo richiede da parte tua un dispendio di tempo e di risorse elevato, con una scarsa probabilità di realizzo. Inoltre, il cliente poco motivato non trovando la casa perfetta sarà insoddisfatto e facilmente ti farà cattiva pubblicità.

Come si qualifica quindi un cliente acquirente? Il primo passo da seguire è quello di decidere di effettuare appuntamenti per visionare alloggi solo dopo aver qualificato attentamente il cliente, in maniera da presentargli e accompagnarlo a visionare solo le abitazioni che soddisfano le sue necessità.

Al primo contatto con il cliente il tuo unico obiettivo è quello di fissare un incontro nel tuo ufficio al fine di qualificarlo. L'intervista di qualificazione è un passaggio obbligatorio: avviene nel tuo ufficio perché è il primo sintomo che il cliente è motivato. Hai mai sentito di un venditore di automobili che viene a casa tua a fare la trattativa? Eppure le auto costano meno di una casa!

L'appuntamento in ufficio deve avvenire in maniera colloquiale, semplice: è una chiacchierata e non un interrogatorio, quindi deve avvenire in maniera gentile, una conversazione amabile tra conoscenti. Accogli il cliente con fare affabile, con un generoso sorriso, donagli un'energica stretta di mano. Fallo accomodare e comincia l'intervista, tenendo sempre a portata di mano del materiale promozionale mirato per l'acquirente, contenente le informazioni necessarie a comprare casa.

Un ottimo esempio è: l'elenco delle spese accessorie, i tassi dei mutui, l'elenco dei documenti che servono per comprare casa, un volantino o una brochure con l'iter burocratico per effettuare l'acquisto e cose di questo genere. Come per il venditore anche per l'acquirente è importante che il cliente esca dal tuo ufficio con del materiale che parli di te.

SEGRETO n. 36: il cliente acquirente è fortemente sotto pressione: si sta impegnando in un acquisto molto importante. Nel momento in cui entra nella tua agenzia, anche se non lo esprime a voce, si crea delle aspettative, si aspetta che tu lo capisca e lo aiuti a trovare la casa giusta per lui.

Come puoi però capire di cosa ha bisogno il cliente? Attraverso le domande, ecco perché si fa l'intervista: per capire le reali necessità e motivazioni che spingono il cliente a mettersi in cerca di casa. Quali sono le cose che devi sapere del cliente per considerarlo qualificato? Così come per il cliente venditore ti ho preparato un elenco:

Qualificazione - Il cliente acquirente

Il cliente è qualificato quando di lui sappiamo:

- **motivazioni reali** (trasferimento di lavoro; nascita di figli; separazione/divorzio; matrimonio; ha già accettato un'offerta per il suo immobile);
- **motivazioni fittizie** (vuole cambiare zona; vuole una casa più bella; vuole una casa vicino a…; è stufo dell'affitto);
- **tempistiche** (attualmente è in affitto? Deve dare disdetta? Ha già una casa di proprietà? Deve venderla? Ha già un acquirente per la propria casa? Quando deve consegnarla? Viene trasferito per lavoro? Quando? C'è un matrimonio? Entro quando deve trovare casa per potersi sposare? Ecc.);
- **chi ha il potere decisionale?** (decide il marito? La moglie? Entrambi? Li finanziano i genitori? Questi ultimi vogliono contribuire alla decisione? Sono tutti presenti quelli che

prendono le decisioni?);

- **nucleo familiare:** (quanti sono? Ci sono figli? Nonni? Genitori?);
- **impiego:** (imprenditore o dipendente? Quanto guadagna mensilmente?);
- **mutuo?** (si o no? con chi farà il mutuo? Ha già una delibera? Ha debiti al momento? Automobili, mobili presi a rate, telefonino, televisore ecc.?);
- **da quanto tempo sta cercando?** (e quante case ha già visto in quel periodo? Quante gliene sono piaciute? Perché? Cosa lo ha colpito? Perché non le ha comprate?);
- **tipologia dell'immobile e perché quella tipologia?** (per quale motivo proprio quella tipologia? Quali esigenze deve soddisfare? Quali bisogni ci sono dietro queste esigenze?);
- **sta già lavorando con altre agenzie?** (Quali? Come si trova? C'è qualcosa che non stanno facendo per lui che si aspettava avrebbero fatto?).

Nel momento in cui avrai queste informazioni saprai così tante cose del tuo acquirente che sarai libero di decidere se lavorare con lui oppure lasciarlo andare Sì, hai capito bene: sei tu a decidere se lavorare con lui o no. Esattamente come con il venditore, anche con l'acquirente impegnerai la tua organizzazione solo per i clienti motivati.

Per quale motivo devi avere dall'acquirente tutte quelle informazioni? Come ti saranno utili? Devi pensare con lungimiranza: maggiori sono le informazioni che reperisci oggi, maggiori saranno gli strumenti a tua disposizione quando dovrai compilare la proposta e andare in trattativa.

A cosa ci serve sapere quanti sono in famiglia? E perché ci interessa sapere che tipo di lavoro fa il cliente? Se è il genitore a dargli il denaro per l'acquisto, perché lo voglio coinvolgere?

Immaginati di aver di fronte un cliente che cerca un tre locali e ha tre figli: secondo te hai di fronte una persona che sa cosa gli serve? Secondo te, una dirigente di banca sposata con un medico ha le stesse esigenze e lo stesso modo di comunicare di un ferroviere che è sposato con una donna che lavora nella mensa dell'ospedale? Devi avere il massimo rispetto per entrambe le famiglie e considera entrambe come se fossero il tuo miglior cliente: ciò premesso, è comprensibile che avranno esigenze e possibilità differenti.

Entrambe le famiglie possono essere motivate, e se lo sono lavora con entrambe. Il tuo linguaggio, però, dovrà essere adeguato e coerente alle circostanze, devi capire se per il medico e la funzionaria di banca la casa è anche uno status symbol o se è solo un punto d'appoggio: ci lavoreranno in casa? Necessiteranno di un ambiente da adibire a studio? Riceveranno ospiti e clienti importanti in casa?

SEGRETO n. 37: ogni cliente ha delle caratteristiche e delle peculiarità che lo rendono unico. Pur rispettando ogni cliente di ogni classe sociale e rango, sei tenuto ad adeguarti ed essere flessibile per poter comunicare con chiunque, nel linguaggio più corretto possibile per la circostanza in cui sei.

Durante la conversazione è importante scavare e scoprire, sempre attraverso le domande, quali sono i motivi reali, i valori e le esigenze che spingono il tuo cliente a comprare casa. Devi capire quali sono le caratteristiche che la casa ideale deve avere e quali invece sono quelle che sono indispensabili. Sottraendo le indispensabili alle ideali assicurati che quelle che rimangono siano sacrificabili e a vantaggio di cosa?

Ogni cliente ha una casa ideale, chiedigli di descrivertela, poi sovrapponi la sua situazione economico familiare ai sui desideri e capirai se coincidono oppure no. In questo caso devi far ragionare il cliente e far dire a lui, sempre attraverso le domande, a cosa può rinunciare per effettuare l'acquisto.

È indifferente che tu abbia di fronte lo spazzino o il presidente dell'associazione culturale della tua città: sii flessibile, modifica il tuo linguaggio a seconda di chi hai di fronte. Con la persona colta e istruita esprimiti correttamente, utilizza terminologie pertinenti e corrette, sii molto esplicito e dettagliato nelle descrizioni.

Con clienti che hanno un'istruzione inferiore utilizza un linguaggio semplice, il più chiaro possibile, con termini comprensibili a chiunque, articola frasi brevi e semplici. Fai esempi concreti e trova termini di uso quotidiano per spiegarti, tralascia i termini tecnici.

È importante che trasmetti al cliente il motivo per cui ti interessi a lui: non ci è sicuramente abituato. La maggior parte degli agenti immobiliari già al telefono gli fissa l'appuntamento per vedere la casa e gli interessa solo quanto può spendere.

Trasmettigli che sei interessato a lui perché lavori con le persone, perché per te lui non è una provvigione, che è più importante della trattativa, che se non sai di cosa ha bisogno non potrai fornirgli un valido aiuto. Questo è l'atteggiamento che ti farà apparire come il professionista che sei: se riesci veramente ad avere a cuore i tuoi clienti per le persone che sono e non per i soldi che ti portano, allora sei destinato ad avere successo.

È una strada impegnativa, piena di insidie, spesso legate ai facili guadagni, se riuscirai a rimanere retto e onesto, in linea con i tuoi principi e i tuoi valori, il successo e i guadagni sono assicurati.

Come ti sentiresti a entrare in un'agenzia e a trovare un agente immobiliare che si prende realmente a cuore la tua causa? Una persona che ti tratta come un suo pari, che ti parla con il tuo stesso linguaggio, che si informa su chi sei e su quali sono le tue necessità?

Un professionista che ti propone solo immobili a te affini, che ti puoi permettere e che soddisfano le tue esigenze? Un consulente che se non ha l'immobile giusto per te ti dice esattamente quando ti richiamerà e che inizia una ricerca per trovarlo attraverso le altre agenzie e i privati per soddisfare la tua richiesta?

Un agente che ti richiama il giorno esatto in cui ti ha promesso di farlo e ti dice se ha trovato o se non ha trovato ciò che cerchi? Che, se non l'ha trovato ti dice quanto tempo ancora gli serve? Ti sentiresti seguito? Sentiresti la necessità di andare a cercare casa presso qualche altra agenzia o aspetteresti le risposte di questo agente che tanto si prodiga per te?

Vuoi essere quel professionista? Te la senti di affrontare ogni cliente per la persona che è? Ti è affine l'idea di impegnarti a fondo per trovare casa a quei due o tre acquirenti che questo mese compreranno casa? Vuoi essere tu il consulente che li aiuta a realizzare il loro sogno? Sei pronto a dedicarti alle famiglie ancora prima che agli immobili? Credi anche tu che dedicarsi alle persone sia la strada che porta a una carriera lunga e di successo?

SEGRETO n. 38: ogni mese hai tempo per solo due o tre clienti, non di più; se li segui con l'attenzione che meritano assorbiranno tutto il tuo tempo. È importante che selezioni bene i clienti che seguirai questo mese: scegli i più motivati. Dedicati interamente a loro, fissa appuntamenti, chiamali spesso, mantieni vivo il contatto e assicurati la loro fiducia e stima.

Nell'elenco di prima ho diviso le motivazioni in *reali* e *fittizie*. A volte capita che un cliente sia motivato, pur avendo alcune motivazioni fittizie. L'importante è che ve ne siano altrettante reali. Un esempio è la coppia che vuole una casa più bella, ma allo stesso tempo cambia perché è in arrivo il secondo figlio e la casa in cui al momento abita è troppo piccola.

La motivazione primaria è il secondo figlio in arrivo; la secondaria è la casa più bella. Attraverso le domande cerca di capire se alla motivazione secondaria possono rinunciare, o quanto sono disposti a spendere per soddisfare entrambe le esigenze. In questo caso è importante anche approfondire cosa intendono per “casa più bella”: quando l’hanno acquistata piaceva loro, o si sono accontentati?

Allenati insieme ai colleghi a fare le interviste in maniera che di fronte al cliente sarai più naturale, sii sempre attratto dalle persone, sii interessato e fai domande anche quando non sei di fronte a un cliente: ti accorgerai che può diventare il tuo modo di fare e di essere quotidiano.

Ti accorgerai degli estremi vantaggi di essere interessato agli altri: le persone cominceranno a vederti in maniera differente. Sarai più apprezzato e scoprirai delle persone che ti circondano le cose più intime.

Sfrutta la capacità di comunicare per crescere come persona, per migliorare e per essere apprezzato: sia nella sfera professionale che in quella personale acquisirai spessore e sarai maggiormente apprezzato.

SEGRETO n. 39: sii una persona migliore, interessati alle

persone che ti circondano, allenati con colleghi, parenti e amici. Sii un gran comunicatore, e con tutte le persone che incontri e con i clienti ti verrà naturale essere interessato alla persona. Diventerà il tuo stile di vita e scoprirai che ne trarrà giovamento la tua immagine, sia privata che professionale.

Allenati, quando fai domande, a non accontentarti mai della prima risposta. Un errore comune è quello di rimanere in superficie. Invece, le risposte reali sono sempre in profondità. Le domande che ti aprono le possibilità di approfondire di fronte a una risposta generica sono poche ma estremamente efficaci, valide praticamente per ogni situazione.

Fondamentalmente sono tre. La prima è: «Mi spieghi meglio, per favore». La seconda è: «Cosa intendi per…?» La terza è l'essenza allo stato puro: «Perché?» Adeguando queste domande alle situazioni, e alternandole fra loro, si possono ottenere tutte le risposte. Prova! All'inizio, se non sei abituato, sarai innaturale: sembrerà un interrogatorio! Ecco perché ti devi allenare: inizia con i colleghi, come per gioco.

Scegli un argomento, e domani mattina a colazione chiedi a un tuo collega cosa ne pensa. Poi scava, sinché non sarai arrivato ai suoi reali pensieri in merito. Scoprirai che è più semplice del previsto e che avrai l'apprezzamento del collega.

A tutti piace essere considerati. Quando fai una domanda, sii realmente interessato: ascolta la risposta, fai domande di approfondimento. Il tuo interlocutore si sentirà importante: è gratificante essere ascoltati. Ci si sente bene e si apprezza la persona che ci fa sentire così.

SEGRETO n. 40: essere ascoltati e considerati ci fa sentire importanti. Di conseguenza, siamo meglio disposti nei confronti di chi ci fa sentire così. Sii la persona che fa sentire importante i tuoi clienti ed essi ti riconosceranno come professionista affidabile.

Un ottimo modo per dare prova di professionalità è avere una scheda informativa di raccolta dati da compilare insieme al cliente in fase di intervista di qualificazione. Questo strumento ci permette di ottenere le informazioni necessarie dal cliente, di archiviare la sua scheda senza perdere dati importanti, di fargli firmare l'autorizzazione per il trattamento dei dati personali.

La scheda è così strutturata: stampata su carta intestata, riportante logo e marchio dell'azienda; la parte alta è dedicata ai dati personali del cliente: nome, cognome, indirizzo, recapiti telefonici e indirizzo email. Indica anche da dove proviene il cliente: da internet? Da rivista? Quale? Per quale immobile ha chiamato? Cosa lo ha colpito dell'annuncio? Da cartello? Quale? In che via? Ecc.

La parte successiva è riservata al tipo di immobile che cerca: appartamento? Casa indipendente? Villa? Quanto grande? Con giardino? Riscaldamento autonomo? Con garage? Ecc. A seguire mettiamo le informazioni relative alla motivazione, un paio di righe in cui indicheremo le motivazioni per cui necessita di quella soluzione e le motivazioni reali a cambiare casa. In fondo alla pagina indica se ha già un immobile da vendere e se fa mutuo. Lascia lo spazio in basso per eventuali note, ad esempio: gli immobili che gli hai proposto immediatamente o se avete fissato un appuntamento per visionare una casa.

Sul retro stampa l'informativa sul trattamento dei dati personali e indica lo spazio per la firma. Ogni volta che qualifichi un cliente ricordati sempre di farti autorizzare a trattenere e archiviare in una banca dati le informazioni raccolte.

Le informazioni sulla famiglia, il lavoro, il reddito e cose simili segnale su di un foglio a parte: quelle sono informazioni che servono a te, quindi conservale a parte, non archiviarle, ti torneranno buone prima degli appuntamenti o mentre si ritira una proposta d'acquisto.

Il cliente acquirente, soprattutto se motivato, è un cliente molto dinamico: cerca casa e vuole vedere soluzioni. Fondamentalmente gli interessa trovare la casa giusta: chi gliela propone passa in secondo piano. Per far sì che sposti l'attenzione su di te e ti ritenga lo strumento indispensabile per il suo acquisto è necessario che percepisca il servizio che gli offri. Durante l'intervista è importante che tu trasmetta il valore del tuo servizio, e il modo più efficace di farlo è proprio quello di informare il cliente di tutto quello che fai, hai già fatto e farai per lui.

Tra le cose che hai già fatto sicuramente c'è quella di lavorare solo con clienti venditori qualificati e motivati, che vogliono realmente vendere la propria casa. Un altro servizio è quello di aver gestito il prezzo degli immobili e di lavorare solo con i clienti che accettano il prezzo che hai indicato tu per promuovere il loro alloggio.

La qualificazione degli immobili è un altro servizio che hai già fornito al cliente: aver raccolto in anticipo tutta la documentazione sulla casa in vendita, aver effettuato le visure ed esserti sincerato che la casa sia vendibile.

Il servizio che gli stai offrendo è quello di dedicargli del tempo per capire quali sono le sue esigenze e proporgli solo gli immobili adatti a lui, evitando di passare ore e ore a girare a vuoto, vedendo alloggi poco interessanti o troppo cari per le sue possibilità. Il servizio futuro è quello di seguirlo e guidarlo durante le visite, nella stesura della proposta d'acquisto, di effettuare la trattativa senza tenere la parte né del venditore né dell'acquirente. Redigere e registrare il preliminare di compravendita.

Fargli ottenere il miglior mutuo possibile per le sue caratteristiche e necessità. Seguirlo passo passo sino al rogito notarile e anche di più. Supportarlo e sostituirti a lui nel raccogliere la documentazione necessaria e farla avere al notaio. Essere sempre disponibile e mettere a sua disposizione la tua esperienza nel gestire le tempistiche e portare a felice conclusione la pratica con il minor fastidio possibile per l'acquirente e il venditore.

SEGRETO n. 41: per farti percepire dai tuoi clienti come professionista e far comprendere loro il valore del tuo lavoro è importante che sappiano cosa fai per loro, cosa hai già fatto e cosa farai in futuro. Così il cliente si sentirà apprezzato e non sentirà il bisogno di andare da altri.

Cosa si aspetta ogni cliente quando entra in un negozio? Di trovare l'articolo che cerca, giusto? E cosa si aspetta un cliente che entra in un'agenzia immobiliare? Sicuramente di trovare una casa che soddisfi le sue aspettative, e perlomeno che gli si fissi l'appuntamento per andare a vedere una o più soluzioni.

È molto importante che spieghi bene ai tuoi clienti qual è il tuo modo di operare, che sei un agente immobiliare che si differenzia dagli altri, che selezioni molto attentamente i clienti e che ci sono alcuni clienti con i quali scegli di non lavorare volontariamente.

Che quando scegli di lavorare con un cliente ti ci dedichi interamente. Che scegli di seguire solo due o tre clienti acquirenti in un mese, ma che quelli sono clienti che sicuramente acquisteranno a breve e che il tuo obiettivo è di essere il professionista che li aiuterà a realizzare il loro sogno.

Che se sceglierete di lavorare insieme tu sarai a loro completa disposizione e che non sentiranno la necessità di rivolgersi ad altri agenti.

Ti senti motivato pensando di aiutare due o tre famiglie al mese a comprare casa e di impegnare molto meno tempo per farlo di quello che impieghi ora? Avendo più tempo per te e per i tuoi hobby?

SEGRETO n. 42: seguire due o tre clienti in un mese, quelli più motivati, ti permette di fare due o tre vendite al mese con

molto meno impegno che non con il metodo tradizionale, avendo molto più tempo a disposizione per te e per i tuoi hobby.

Esperienza personale

Mezzomerico, provincia di Novara, un piccolo paese nelle campagne novaresi, comodo per la vicinanza a Malpensa (solo 18 km lo separano dal grande aeroporto). Inoltre, in pochi minuti di macchina si è sull'autostrada Torino – Milano. A soli 40 km dalla città di Milano, quindi, con prezzi modici si possono acquistare soluzioni molto interessanti sia per i pendolari con il capoluogo lombardo che per chi ha interessi o lavora con l'aeroporto.

Nel 2005 gestivo una villa indipendente in un complesso di quattro unità, nuova, completamente rifinita e personalizzata. Il proprietario, che l'aveva acquistata perché doveva sposarsi, aveva deciso di vendere in quanto il matrimonio era saltato.

Ottime finiture e personalizzazioni di pregio caratterizzavano la villa, ideale per una coppia di sposi che, pur volendo godersi il matrimonio, erano lungimiranti e avevano già pensato ad avere una casa accogliente anche per tre figli.

Il prezzo, pur essendo inferiore ai prezzi di Novara e della sponda lombarda del Ticino, era comunque impegnativo a causa delle personalizzazioni che avevano fatto salire il prezzo iniziale. Nella pubblicità per la casa avevo puntato a catturare prevalentemente l'attenzione dei clienti che lavorano a Milano o a Malpensa.

Ho seguito il metodo e ho distribuito una serie di volantini anche nelle attività di Oleggio, che è il paese immediatamente adiacente. Pochi giorni dopo ricevo una telefonata di una ragazza che mi comunica di essere una parrucchiera di Oleggio: ha visto il volantino e mi dice di essere interessata.

Al telefono ho avuto l'impressione che fosse giovane. Decido di approfondire, le chiedo con chi acquisterebbe e mi parla di un fidanzato: devono sposarsi, lui è dirigente per una ditta di Milano che si occupa di informatizzazione per le aziende.

Fissiamo l'appuntamento per parlare meglio della casa e di loro in ufficio, per lunedì mattina, unico giorno in cui posso trovarli entrambi a causa del lavoro di lei; lui entrerà più tardi al lavoro per poter essere presente. Comincia a essere interessante: hanno parecchie caratteristiche interessanti, sembrano motivati, lo dimostra anche l'atteggiamento di lui che prende ore di permesso per venire in ufficio.

Durante l'appuntamento di qualificazione i ragazzi sono disponibili e cordiali, si è instaurato un ottimo rapporto. Nel parlare di costi i ragazzi mi raccontano che una parte del denaro viene donata dai genitori di lui e che in parte faranno mutuo

Provo a chiedere di coinvolgere i genitori che finanziano ma i ragazzi mi convincono che non è necessario: i soldi sono un dono e il padre di lui vuole che il figlio si responsabilizzi, quindi non lo aiuterà nella decisione.

Sono sufficientemente convinto, decido di procedere e presento loro l'immobile. Ho altre villette al momento in zona, alcune ancora in costruzione e quindi da personalizzare, ma da come sono andate le cose con i ragazzi decido di procedere con questa: sembra fatta apposta per loro. Già in ufficio mostrano molto interesse. Fissiamo la visita sul posto e nel visionare la casa se ne innamorano letteralmente.

Siamo ancora dentro la casa che faccio loro la fatidica domanda: «Vi piace?» Lei è entusiasta, lui tentenna leggermente: ho la sensazione che voglia mostrare un po' di polso per poter dire di aver trattato il prezzo. Fa delle timide obiezioni sul giardino e su dei particolari del camino del piano terra. Io accolgo le obiezioni e gli domando cosa intende di preciso, gli chiedo di essere più specifico.

A questo punto lui entra un po' in crisi: è palese che la casa piace molto anche a lui, che sono dei tentativi di trattare su altro. Al che decido di prendere in mano la situazione, mi avvicino e gli chiedo: «Qual è la cifra alla quale ti sentiresti di aver fatto un buon acquisto?» Lui, che non si aspettava la domanda così diretta, si lascia andare, si consulta brevemente con la futura moglie e poi azzarda una cifra che si avvicina molto alle aspettative del proprietario, che in previsione di una trattativa mi aveva chiesto di promuovere la casa ad un prezzo leggermente superiore alla mia valutazione.

In questo caso la cifra è inferiore. Ci sono però i margini per operare: faccio ai ragazzi ancora un paio di domande, poi li invito a seguirmi in ufficio, li faccio accomodare e cominciamo a fare i conti su quelle che saranno le spese accessorie all'acquisto.

Decidiamo di formulare una proposta d'acquisto scritta. I ragazzi sono molto coinvolti. Io so che a questa cifra il proprietario non copre i costi di personalizzazione. Affronto l'argomento con i ragazzi e comincio a elencare da una parte le esigenze che i ragazzi hanno, partendo dalle tempistiche; rimarco la difficoltà trovare una casa che sia pronta prima del matrimonio, che sia comoda per entrambi nell'andare a lavorare, che li entusiasmi come questa casa.

Comincio a porre loro domande sempre più chiuse; chiedo come si sentirebbero se si fossero impegnati nel costruire una casa e venissero loro offerti meno soldi di quelli che hanno speso, se si irrigidirebbero con l'offerente e, se in virtù di questa rigidezza, magari deciderebbero di non trattare più nulla sul prezzo.

È fatta: i ragazzi sono convinti, hanno vissuto le emozioni e non sono disposti a rischiare di perdere l'acquisto. accettano di offrire la somma che gli propongo io, una via di mezzo tra il prezzo offerto e la cifra che avevano proposto inizialmente.

Saluto i ragazzi senza dare loro certezze, se non quella che il giorno stesso avrei incontrato il proprietario. Il proprietario inizialmente ha detto di non voler vendere a quella cifra, ma di fronte alle motivazioni apportate ha deciso di accettare l'offerta, principalmente perché si riusciva a rogitare prima che lui si dovesse intestare la casa. Infatti l'immobile era ancora intestato al costruttore e così facendo i nuovi acquirenti si sostituivano a lui in atto e lui risparmiava i soldi del notaio e delle tasse.

Tutta la trattativa si è sbloccata quando sono state utilizzate le informazioni ricevute in fase di qualificazione, sia con gli acquirenti che con il venditore, andando a cercare le soluzioni e non fermandosi al problema.

RIEPILOGO DEL GIORNO 5:

- SEGRETO n. 36: il cliente acquirente è fortemente sotto pressione: si sta impegnando in un acquisto molto importante. Nel momento in cui entra nella tua agenzia, anche se non lo esprime a voce, si crea delle aspettative, si aspetta che tu lo capisca e lo aiuti a trovare la casa giusta per lui.
- SEGRETO n. 37: ogni cliente ha delle caratteristiche e delle peculiarità che lo rendono unico. Pur rispettando ogni cliente di ogni classe sociale e rango, sei tenuto ad adeguarti ed essere flessibile per poter comunicare con chiunque, nel linguaggio più corretto possibile per la circostanza in cui sei.
- SEGRETO n. 38: ogni mese hai tempo per solo due o tre clienti, non di più; se li segui con l'attenzione che meritano assorbiranno tutto il tuo tempo. È importante che selezioni bene i clienti che seguirai questo mese: scegli i più motivati. Dedicati interamente a loro, fissa appuntamenti, chiamali spesso, mantieni vivo il contatto e assicurati la loro fiducia e stima.
- SEGRETO n. 39: sii una persona migliore, interessati alle persone che ti circondano, allenati con colleghi, parenti e amici. Sii un gran comunicatore, e con tutte le persone che

incontri e con i clienti ti verrà naturale essere interessato alla persona. Diventerà il tuo stile di vita e scoprirai che ne trarrà giovamento la tua immagine, sia privata che professionale.

- SEGRETO n. 40: essere ascoltati e considerati ci fa sentire importanti. Di conseguenza, siamo meglio disposti nei confronti di chi ci fa sentire così. Sii la persona che fa sentire importante i tuoi clienti ed essi ti riconosceranno come professionista affidabile.
- SEGRETO n. 41: per farti percepire dai tuoi clienti come professionista e far comprendere loro il valore del tuo lavoro è importante che sappiano cosa fai per loro, cosa hai già fatto e cosa farai in futuro. Così il cliente si sentirà apprezzato e non sentirà il bisogno di andare da altri.
- SEGRETO n. 42: seguire due o tre clienti in un mese, quelli più motivati, ti permette di fare due o tre vendite al mese con molto meno impegno che non con il metodo tradizionale, avendo molto più tempo a disposizione per te e per i tuoi hobby.

GIORNO 6:

Come concludere una trattativa con efficacia

Ogni compravendita arriva prima o poi a un punto in cui o si conclude positivamente con una proposta d'acquisto e la soddisfazione di entrambe le parti, oppure una delle due parti si irrigidisce sulle proprie posizioni e la trattativa non si conclude.

Il tuo ruolo è quello di individuare il momento in cui l'emotività del cliente acquirente è al massimo e porre le domande corrette affinché egli cominci a formulare un'offerta. Ma come si passa dalla visita all'immobile alla proposta d'acquisto?

Il passaggio delle informazioni durante la qualificazione è fondamentale: devi informare il cliente su quelle che sono le fasi della trattativa d'acquisto, devi essere molto chiaro mentre gli spieghi che al termine di ogni visita chiederai esplicitamente al cliente se la casa gli è piaciuta e se desidera comprarla.

SEGRETO n. 43: in fase di qualificazione specifica con cura al cliente che, quando vedrete delle case, al termine di ogni visita gli chiederai esplicitamente se la casa gli piace e se vuole comprarla e che, nel caso la volesse comprare, farete subito l'offerta.

Informalo che per poter effettuare la trattativa devi avere in mano una proposta d'acquisto con una caparra. Avvisalo che la proposta è solo il primo passo del processo d'acquisto, che il passaggio successivo è la presentazione dell'offerta.

Comunica che il proprietario, anche in caso di proposta conforme, non è obbligato ad accettare l'offerta, che quindi, in caso di proposta a prezzi inferiori o con condizioni differenti dall'incarico (consegna, modalità di pagamento ecc.) il proprietario sarà libero di accettare o rifiutare la proposta, e che in caso di rifiuto potrebbe fare una contro-offerta.

Tieni alto l'interesse sino al momento della proposta. Dopo è importante abbassare l'emotività, affermando che la proposta non è ancora stata accettata e che quindi è meglio trattenere l'entusiasmo.

Infatti l'acquirente ha la tendenza a considerare l'acquisto concluso nel momento in cui ha firmato la proposta e lasciato la caparra. Quindi, se si va in trattativa e si deve modificare il prezzo, si corre il rischio di deludere l'acquirente se aveva l'idea che la proposta sarebbe stata accettata senza intoppi.

Informa il cliente su tutti i passaggi e tutte le eventualità che potrebbero far andare male la trattativa; fai in modo che il cliente sia già predisposto a una contro-offerta e che sia una possibilità più che concreta. In questo modo il cliente già se l'aspetta, e se invece l'offerta passa come formulata avrà una piacevolissima sorpresa e la percezione del servizio offerto sarà decisamente amplificata.

SEGRETO n. 44: il cliente va sempre informato su eventuali passaggi che possono far fallire la trattativa, e sulla possibilità di una contro-offerta. In caso di ottima riuscita dell'affare, rimarrà ancora più colpito dal tuo lavoro.

Allo stesso modo, nel momento in cui hai preso l'incarico di vendita dell'immobile hai debitamente informato il venditore che le offerte sono quasi sempre a un prezzo inferiore al prezzo di incarico?

Anche il venditore ha le sue aspettative: quindi, se non sei stato sufficientemente chiaro nell'informarlo su quello che è il processo di vendita, avrà una scarsa percezione del lavoro che fai per lui.

Ti parlo quindi di quello che è l'iter di vendita che a me ha portato sempre ottimi risultati. Per prima cosa: hai una scaletta precisa di quelle che sono le attività da svolgere?

Il punto cardine di ogni trattativa sei tu: i clienti, siano essi venditori o acquirenti, si fidano di te, hanno delegato a te il compito di gestire e guidare le parti. Infatti, essendo loro ai poli opposti della trattativa, necessitano di un moderatore che medi le posizioni e li traghetti a una conclusione positiva e felice per entrambi.

SEGRETO n. 45: prima di arrivare a una trattativa ci sono

dei passaggi obbligatori che possiamo chiamare "stop", per usare un termine da scuolaguida. Se a questi stop tu rallenti e dai precedenza senza fermarti, corri il rischio di avere grosse problematiche, spesso di natura burocratica, in fase di conclusione della trattativa.

Con il venditore: prima di raccogliere offerte, e quindi prima di proporre l'alloggio, hai raccolto tutta la documentazione necessaria? Hai verificato attentamente la motivazione del venditore? Ti sei sincerato della reale identità della persona che ti ha conferito l'incarico? Conosci e sei autorizzato da ogni proprietario a trattare e promuovere l'immobile?

Ti sei mai soffermato a pensare a cosa succederebbe se, di fronte a una proposta d'acquisto firmata e con caparra versata, si venisse a sapere che la persona con cui hai effettuato la trattativa non è il reale proprietario? O se ce ne sono altri e questi non sono d'accordo sul vendere?

Sembra paradossale detto così, ma è una cosa più frequente di quello che si pensi. Per scongiurare questa eventualità ci si tutela in questo modo: al momento della firma dell'incarico di vendita il proprietario che ti conferisce il mandato deve mostrarti i propri documenti d'identità, affinché tu possa fotocopiarli e verificare sull'atto notarile di provenienza (fornito da lui) che sia effettivamente nelle condizioni di incaricarti a vendere.

Se sull'atto di provenienza compaiono altri proprietari o ci sono degli usufruttuari o altri aventi diritto, questi devono essere menzionati sul mandato di vendita e, ognuno per la propria quota, devono autorizzare la vendita alle condizioni del mandato.

Sempre al momento della firma del mandato fatti consegnare la planimetria della casa e, se possibile, anche la documentazione relativa all'accatastamento, la concessione edilizia, le certificazioni sugli impianti ed eventuali altre pratiche comunali o catastali riguardanti la casa, oltre all'atto di mutuo (se ce n'è uno in corso).

La Normativa del 2008, inoltre, prevede che sia obbligatorio fornire la certificazione energetica relativa allo stabile: informa quindi il proprietario che entro l'atto notarile dovrà fornire tale documento redatto da un tecnico autorizzato.

Una volta raccolta tutta la documentazione, leggila attentamente e verifica la bontà delle informazioni fornite dal venditore. Successivamente, effettua una visura in conservatoria dei registri immobiliari per verificare che l'atto notarile di provenienza sia l'ultimo registrato su quell'immobile e che non vi siano altre situazioni pendenti sull'abitazione, quali, ad esempio, ipoteche volontarie o pignoramenti.

Il passo successivo è la visura catastale per verificare il valore da dichiarare in atto e se ci sono state modifiche rispetto a quanto dichiarato dal venditore. Ricordati che procedere nella promozione senza questi documenti potrebbe risultare un gravissimo errore. Ancora peggio: ritirare una proposta senza aver debitamente verificato tutto potrebbe avere conseguenze molto impegnative.

SEGRETO n. 46: prima di accettare offerte per una proprietà immobiliare raccogli tutta la documentazione necessaria ed effettua le visure ipotecarie e catastali al fine di avere ben

chiara la situazione e per non incappare in spiacevoli e dannose situazioni.

Cosa ti interessa verificare, invece, dal cliente acquirente prima di iniziare delle trattative con lui? Sicuramente la sua capacità economica. Ormai è talmente facile avere delle delibere di mutuo preventive che non ha più senso vincolare la proposta d'acquisto all'ottenimento del mutuo.

Immagina la delusione che vive il venditore nel momento in cui ha in mano un'offerta che ha accettato, convinto di aver venduto, quando gli vai a dire che il cliente non ha ottenuto il mutuo e che la trattativa salta.

Ottenendo invece una delibera preventiva la proposta non sarà vincolata, a meno che il mutuo non sia superiore alla mutuabilità dell'immobile da acquistare; ma questi sono casi molto rari e specifici. Con una proposta senza clausole sarà più facile andare in accettazione e ottenere il consenso del proprietario. Inoltre, si evita una problematica che spesso crea grande confusione: in caso di proposta accettata soggetta a clausola sospensiva, si fermano le visite all'immobile o si prosegue?

Tecnicamente si deve procedere con le visite, avvisando i potenziali acquirenti che la casa è stata opzionata e che c'è, appunto, una clausola che per il momento tiene in sospeso la vendita. Ma il proprietario, che ha la convinzione di aver venduto, capirà il motivo per cui si continua a promuovere la casa? E se uno dei clienti volesse comprarla, cosa farai? Se volesse fare un'offerta anche più alta del primo acquirente?

Il proprietario sarebbe contento o ci rimarrebbe male? Il fatto è che non puoi fare altre trattative sino all'avverarsi o meno della clausola, ma quante volte hai sentito di proprietari che si lamentano perché il cliente buono ha comprato un'altra casa perché la sua era vincolata e poi, alla fine, lui non ha venduto e il cliente ha trovato altrove?

Purtroppo capita spesso, ecco perché il cliente va qualificato attentamente e deve seguire le tue indicazioni: sei tu il professionista e quindi tu suggerisci l'iter, non il contrario.

SEGRETO n. 47: cerca di evitare il più possibile di ritirare offerte vincolate a delibera di mutuo avvalendoti delle delibere preventive perché le proposte vincolate, anche se vanno a buon fine, portano a equivoci e sgradevoli situazioni di incomprensioni, dannose per la tua immagine di professionista.

Una volta ritirata un'offerta, qual è l'atteggiamento da seguire? Per prima cosa devi avvisare immediatamente il proprietario che c'è un cliente interessato e fissare un incontro per discutere l'offerta nel più breve tempo possibile. Una volta che sai quando incontrerai il proprietario avvisa tutti i colleghi che stanno collaborando con te alla promozione dell'unità immobiliare, avvisali che è stata ritirata una proposta e informali su quando hai l'appuntamento per presentarla.

Questo per far sì che, se dei clienti che l'hanno visionata con loro sono interessati, avranno il tempo per contattarli e ritirare a loro volta un'offerta e presentarle insieme alla tua.

Tieni riservate le condizioni e il prezzo della tua offerta: così facendo, se qualcuno dovesse ritirare a sua volta un'offerta, la ritirerà al prezzo più alto possibile e alle migliori condizioni possibili per avere qualche possibilità che passi la sua. Allo stesso tempo, se altri ritirano offerte, avvisa tempestivamente il tuo acquirente in maniera tale che abbia a sua volta la possibilità di rilanciare con la sua offerta prima ancora che l'offerta sia presentata.

Questo sistema, denominato *dell'asta a busta chiusa*, mi ha consentito in passato di ritirare offerte anche superiori al prezzo d'incarico, con immensa soddisfazione del cliente venditore. In effetti, se ci pensi bene, è un sistema che permette di ottenere il miglior risultato ed è estremamente corretto sia nei confronti del venditore che nei confronti degli acquirenti, che sanno sempre a che punto è la trattativa, sia dei colleghi che vengono tenuti nella massima considerazione.

SEGRETO n. 48: la tecnica dell'asta a busta chiusa è uno strumento che consente di ottenere il massimo da una trattativa, mettendo in risalto organizzazione e precisione, grande comunicazione e professionalità. Permette di

mantenere una posizione neutra offrendo il miglior servizio possibile a tutti i partecipanti alla trattativa.

La presentazione di più offerte contemporaneamente avviene nel seguente modo: il giorno dell'appuntamento ci si trova tutti insieme; è necessario avere almeno due ambienti separati quindi il luogo ideale è l'ufficio. Il titolare dell'incarico presenzia a tutte le presentazioni, ogni singolo agente presenta la propria offerta al proprietario personalmente, in ordine cronologico di ritiro della proposta.

Dopo che sono state presentate tutte le offerte il proprietario, in presenza del titolare dell'incarico, decide se accettarne una e quale accettare.

Di solito, in presenza di più offerte prese in concomitanza e con questo sistema è facile per il titolare dell'incarico convincere il venditore che le offerte sono le migliori ottenibili e, quindi, a sceglierne una. Proprio perché con questo modulo si tende a ritirare le offerte il più alte possibili a livello di prezzo.

Effettivamente, in questi casi spesso non viene accettata l'offerta migliore; spesso ne viene accettata una meno conveniente ma più certa. Ad esempio, tra due offerte simili, dove la differenza di prezzo non è esagerata, dove la migliore è vincolata a delibera di mutuo e l'altra no, è facile che venga accettata quella senza vincoli.

Al momento della presentazione dell'offerta è importante che tu abbia ben chiare le necessità e le esigenze del venditore. L'analisi della proposta deve avvenire attraverso le necessità che soddisfa; il prezzo deve passare in secondo piano. Bisogna far ragionare il proprietario su quelli che sono i vantaggi di accettare una determinata offerta e gli svantaggi di rifiutarla. Quanto gli costerebbe rifiutare questa offerta, per poi accettarne un'altra alle stesse condizioni e magari tra sei mesi?

Per rendere tangibili tutte queste considerazioni e riflessioni tieni sempre a portata di mano dei fogli bianchi o un block notes, prendi un foglio e dividilo a metà con una linea verticale: nella parte destra scrivi i *pro*, nella sinistra i *contro*. Vantaggi contro svantaggi. Fai in modo di stimolare attraverso le domande il maggior numero di vantaggi.

Ricordati sempre di iniziare l'appuntamento di presentazione dell'offerta ripercorrendo il percorso fatto a partire dal vostro primo incontro sino a quel momento; chiedi conferma di tutti i valori e delle necessità che ti avevano trasmesso negli incontri precedenti. Assicurati che non siano mutate le necessità, altrimenti corri il rischio di fare la presentazione puntando alla soddisfazione di alcuni bisogni e in realtà quelli importanti sono altri.

La presentazione dell'offerta avviene attraverso una serie di domande; devi sondare l'interesse del proprietario e stimolarlo, rimandando il più possibile il momento in cui svelerai il prezzo offerto.

Comincia dicendo che la proposta non è a prezzo pieno, poi inizia a elencare quali sono le caratteristiche dell'offerta, i tempi di consegna, la necessità o meno di fare modifiche e/o migliorie, se i clienti acquirenti fanno il mutuo, se devono a loro volta vendere un immobile, se hanno già venduto.

Devi far sì che la pressione salga, che il cliente si aspetti una cifra molto bassa. Una delle cose migliori da fare in questi casi, dopo che hai parlato di caparra e termini di consegna, è quella di chiedere al cliente di sbilanciarsi: «Sino a che cifra saresti disposto ad abbassare il prezzo?» È questo il momento in cui scoprire il prezzo, quando ormai si è sbilanciato e la differenza tra l'offerta e il nuovo prezzo ormai è ridotta al minimo.

Con il cliente venditore non trattare mai il tuo compenso in fase di trattativa: lo hai già stabilito quando ti ha conferito l'incarico di vendita. Ormai lui si aspetta quella percentuale: lascia il tuo compenso fuori dalla trattativa. I fattori che alzano l'emotività sono già tanti, quindi il nostro compito è quello di abbassarli, non di aumentarli.

Se il venditore deve anche comprare un'altra casa, al momento della presentazione dell'offerta porta con te alcune proposte, tue o di altre agenzie, di immobili che soddisfino le sue esigenze.

Se riesci a fargli vivere l'emozione dell'acquirente toglierai le energie dal venditore e sposterai l'attenzione. Nel momento in cui il cliente accetta di vedere altre soluzioni vuol dire che ha praticamente deciso di accettare; ci sarà solo da definire i dettagli.

Esperienza personale

Arona, sul Lago Maggiore, anno 2007, incarico in esclusiva per vendere una particolarissima villa di recente costruzione, una casa unica, con finiture di elevato pregio e classe, struttura moderna, con tremila metri quadrati di verde privato, piscina e una meravigliosa vista sul Lago Maggiore.

Al momento del conferimento dell'atto, mentre mi faceva le dichiarazioni di conformità, il proprietario ha dichiarato che la casa era oggetto di condono edilizio perché era stata costruita una piccola porzione in difformità rispetto al progetto originario.

Sul momento, visto che il proprietario mi aveva detto che nel corso di un paio di mesi avrebbe avuto lo svincolo, non ci ho fatto molto caso; sono passato allo stop rallentando e dando precedenza, rischiando di compromettere tutto in fase di chiusura di trattativa.

Se avessi fatto le debite visure mi sarei accorto subito che il condono non era effettuabile perché l'abitazione era costruita in zona soggetta a vincolo idrogeologico e che quelle sono le uniche zone dove il condono non è previsto. Purtroppo la cosa non è stata verificata prima di aver ritirato un'offerta.

Il tutto è stato verificato pochi giorni prima dell'atto, quando il notaio ha preso in mano la pratica e si è accorto di questa incongruenza. Subito ha comunicato che non si poteva rogitare, poi ha accettato di temporeggiare in attesa di una risposta del Comune e infine, dopo un mese e mezzo, ha di nuovo deciso di non voler rogitare.

È stato necessario trovare un secondo notaio che accettasse di rogitare a condizione che l'acquirente firmasse una lettera in cui affermava che era a conoscenza della situazione e che rinunciava a eventuali rivalse in caso di non ottenimento del condono.

Tutto questo attraverso due mesi di consultazioni legali, di insistenze presso i notai, di pressioni da parte dei clienti, sia del venditore che non capiva qual era il problema, sia dell'acquirente che aveva già versato 70.000 euro e aveva la volontà e necessità di rogitare il prima possibile.

La percezione del mio servizio ha più volte rischiato di essere compromessa, e solo la costante comunicazione con tutte le parti ha evitato che venissi percepito male. Solo che da parte mia c'è stato un dispendio di energie e di tempo enormi.

RIEPILOGO DEL GIORNO 6:

- SEGRETO n. 43: in fase di qualificazione specifica con cura al cliente che, quando vedrete delle case, al termine di ogni visita gli chiederai esplicitamente se la casa gli piace e se vuole comprarla e che, nel caso la volesse comprare, farete subito l'offerta.
- SEGRETO n. 44: il cliente va sempre informato su eventuali passaggi che possono far fallire la trattativa, e sulla possibilità di una contro-offerta. In caso di ottima riuscita dell'affare, rimarrà ancora più colpito dal tuo lavoro.
- SEGRETO n. 45: prima di arrivare a una trattativa ci sono dei passaggi obbligatori che possiamo chiamare "stop", per usare un termine da scuolaguida. Se a questi stop tu rallenti e dai precedenza senza fermarti, corri il rischio di avere grosse problematiche, spesso di natura burocratica, in fase di conclusione della trattativa.
- SEGRETO n. 46: prima di accettare offerte per una proprietà immobiliare raccogli tutta la documentazione necessaria ed effettua le visure ipotecarie e catastali al fine di avere ben chiara la situazione e per non incappare in spiacevoli e dannose situazioni.

- SEGRETO n. 47: cerca di evitare il più possibile di ritirare offerte vincolate a delibera di mutuo avvalendoti delle delibere preventive perché le proposte vincolate, anche se vanno a buon fine, portano a equivoci e sgradevoli situazioni di incomprensioni, dannose per la tua immagine di professionista.
- SEGRETO n. 48: la tecnica dell'asta a busta chiusa è uno strumento che consente di ottenere il massimo da una trattativa, mettendo in risalto organizzazione e precisione, grande comunicazione e professionalità. Permette di mantenere una posizione neutra offrendo il miglior servizio possibile a tutti i partecipanti alla trattativa.

GIORNO 7:
Come fidelizzare un cliente per la vita

Il tuo scopo quando vai da un cliente deve essere quello di conquistare la sua fiducia, di trattarlo come una persona, di essere per lui un punto di riferimento. Se vai da lui con lo scopo di conquistarlo come cliente per la vita, allora sì che ti starai garantendo il reddito futuro per tanti anni a venire.

Hai scelto come professione un lavoro eccezionale, che per essere svolto necessita di pochi strumenti, che può essere svolto ovunque e in qualunque orario, in un settore con infinite possibilità di espansione ma, soprattutto, con un potenziale latente esagerato. Ogni persona che incontri potenzialmente potrebbe essere un tuo cliente: a breve oppure in futuro, infatti tutti hanno bisogno di una casa.

SEGRETO n. 49: il lavoro di agente immobiliare si può svolgere ovunque, in qualunque momento. Più che strumenti,

richiede preparazione e informazioni, e si colloca in un mercato di infinite opportunità perché ogni persona che incontri ha, ha avuto o avrà esigenze abitative.

Fai del tuo lavoro uno stile di vita, tratta tutte le persone che incontri come se fossero il tuo miglior cliente, mantieni i contatti costantemente, gestisci le chiamate e le visite in maniera tale da avere sempre tempo per un cliente particolare.

Gli americani sono per noi fonte di ispirazione e modelli da copiare sotto questo punto di vista; infatti essi hanno fatto dell'attenzione al cliente il proprio cavallo di battaglia. Il cliente, una volta rogitato, diventa un segnalatore: ogni mese viene contattato almeno due volte.

La prima con i loro messaggi promozionali, la seconda di persona o al telefono, con il solo scopo di mantenere vivo il contatto, di scambiare due parole, di ricordargli che ci sono e che in caso di necessità sono a sua disposizione.

C'è una collega di Los Angeles che mi ha impressionato perché ogni mese spedisce almeno duemila cartoline: a seguito di questa spedizione fa almeno duecento contatti mensili, al telefono o di persona, con il solo scopo di mantenere vivi i contatti.

Nelle cartoline mette le informazioni più svariate. A volte mette delle ricette e poi, nel richiamare, chiede se le hanno ricevute e se hanno provato a cucinare, si fa delle grandi chiacchierate e questo è il suo unico modo di pubblicizzare la propria attività.

Che tu ci creda o no, la collega produce oltre mezzo milione di dollari all'anno di provvigioni, semplicemente mantenendo i contatti con i vecchi clienti. Ogni volta che li contatta, infatti, ottiene informazioni e segnalazioni e questo in un momento in cui il mercato immobiliare negli Stati Uniti è in forte flessione negativa.

SEGRETO n. 50: gli americani, che nel marketing sono maestri, ci mostrano la strada. Infatti, i migliori agenti immobiliari degli Stati Uniti sviluppano il proprio business esclusivamente promuovendo se stessi, dedicando tutte le proprie risorse al mantenimento dei contatti, principalmente

quelli inattivi, perché ogni cliente è fonte di segnalazioni.

Ti piace come prospettiva? Hai mai pensato a promuovere te stesso anziché i tuoi immobili? E di ottenere risultati maggiori di quelli che otterresti con il metodo tradizionale? Oggi la tua primaria attività è costituita dalla ricerca di nuovi clienti, giusto? È lì che investi la maggior parte delle tue risorse, fisiche ed economiche?

Ma sino ad oggi quanto hai investito nella salvaguardia dei contatti già acquisiti? Quanto investi per mantenere caldi i rapporti con i clienti dei quali hai già conquistato la fiducia?

Nel momento in cui acquisisci un cliente il messaggio che gli trasmetti è quello che ti interessa lui come persona… e poi, dopo la trattativa cosa succede? Ti dimentichi di lui? A questo punto come si sentirà il cliente? Credi che avrà la sensazione che avevi finto solo per concludere un affare?

Tutto questo si può evitare se ci sono due requisiti fondamentali, il primo è: *sei realmente interessato alle persone?* Se la risposta è «sì», allora il primo requisito c'è. Il secondo è: *vuoi veramente distinguerti e avviare un'attività basata sul passaparola che ti permetta di acquisire nuovi clienti costantemente?* Ti interessa acquisire solo clienti che abbiano già ricevuto referenze su di te? Anche in questo caso, se rispondi «sì» possiamo procedere.

SEGRETO n. 51: hai investito tempo e risorse per conquistare la fiducia del cliente in fase di qualificazione, gli hai trasmesso che, prima ancora che come cliente, ti interessa come persona. Se dopo la conclusione dell'affare ti dimentichi di lui il tuo atteggiamento sarà incoerente con le tue parole. La fase più delicata, oltre che più redditizia, è proprio la tutela del contatto dopo la fine della compravendita.

La conservazione del contatto dopo la conclusione della trattativa è come mantenere i contatti con le proprie conoscenze: ci vuole solo un po' di metodo, bisogna avere un buon data base nel quale inserire tutti i clienti, attivi e inattivi.

I clienti *attivi* sono quelli che stanno vendendo o comprando casa. Quelli *inattivi* sono quelli che hanno già venduto o acquistato un'immobile. Inizialmente l'elenco dei clienti attivi sarà più fornito dell'altro. La proporzione giusta però e esattamente il contrario: solo con il tempo la tendenza si invertirà e il tuo data base assumerà le condizioni ottimali.

Infatti, hai visto nei Giorni precedenti che per lavorare in maniera precisa, fornendo il servizio ottimale puoi dedicarti a un numero limitato di clienti: ecco perché li qualifichi attentamente prima di scegliere se lavorare o meno con loro. Di conseguenza, l'elenco dei clienti attivi ha più o meno sempre la stessa dimensione, mentre con il passare del tempo l'elenco dei clienti inattivi cresce costantemente senza mai diminuire di dimensione.

Inserisci nel tuo archivio tutti i contatti, poi suddividili in attivi e inattivi. Successivamente aggiungi una seconda voce: il cliente era, o è, un *venditore* o un *acquirente*? Oppure entrambi? Quando il cliente ha acquistato o venduto passalo da attivo a inattivo, segnati la data del compleanno e la data del rogito di compravendita. Se sai che il cliente è sposato chiedigli la data del matrimonio e segnatela: con le opzioni delle agende elettroniche (ormai ogni pc ha l'agenda di Outlook nei programmi base) si possono segnare le scadenze periodiche e sarà il tuo computer a ricordarti tutte le date. Abituati a contattare il cliente per le cose più banali in apparenza, ma che a lui faranno veramente piacere.

In alcune parti d'Italia gli onomastici sono estremamente sentiti: allora può essere una sana abitudine ogni mattina controllare qual è il santo del giorno e mandare un'email a tutti i clienti il cui onomastico ricade in quella data. È una cosa che costa praticamente zero, ti richiederà pochi minuti al giorno: ma alla persona che la riceverà farà molto piacere.

Pensa a come si sentirà il cliente quando, a distanza di un anno, lo chiamerai per ricordargli che è l'anniversario dell'acquisto di casa sua. Quanto si sentirà importante, se dopo un mese o due che si è trasferito nella casa nuova passerai a fargli visita solo per sapere se si è ambientato? Per sapere se si trova bene con i nuovi vicini di casa? Sembrano tutte cose banali, eppure non le fa nessuno dei tuoi colleghi.

Hai investito molte risorse e molti soldi per creare dei contatti nuovi. Ora che sono fidelizzati e che si sono trovati bene con te per mantenerli ci vuole veramente poco: sono delle risorse che non puoi permetterti di sprecare, anche perché ognuno di loro ha degli amici, dei parenti, dei colleghi di lavoro.

A chiunque piace consigliare ad altri come risolvere i problemi, far bella figura. Credi che un cliente che viene seguito anche dopo il rogito riterrà di fare bella figura se ti raccomanda a parenti o amici che devono vendere o comprare casa?

Ti è mai capitato di consigliare un ristorante particolare a un amico che voleva organizzare una cena speciale e far bella figura? Per quale motivo lo hai fatto? Il ristoratore ti ha promesso delle provvigioni se gli mandi clienti? Oppure, nella maggior parte dei casi nemmeno sa che lo hai raccomandato? Eppure gli hai fatto pubblicità, hai creato business per lui, hai garantito che da lui ci si trova bene.

SEGRETO n. 52: a tutti piace fare bella figura e saper consigliare ad altre persone come risolvere i problemi. Se offri un servizio anche dopo il rogito i tuoi clienti ti raccomanderanno per far bella figura con le persone alle

quali ti hanno presentato, perché hai già risolto i loro di problemi e il servizio che offri è di elevata qualità.

Stimola nel tuo cliente le segnalazioni. Lasciagli sempre qualche biglietto da visita, invitandolo a distribuirli ad amici e parenti che potrebbero avere necessità immobiliari. Chiedigli di avvisarti se conosce qualcuno che ha bisogno di un agente immobiliare e tienilo costantemente informato degli sviluppi della situazione. Fagli un dono per ringraziarlo, dopo che il cliente che ti ha segnalato ha concluso la trattativa.

Ormai tutti fanno gli auguri in occasione delle ricorrenze classiche quali il Natale o la Pasqua, oppure delle ferie estive. Il compleanno sta cominciando ora a essere considerato, ecco perché è importante trovare altre ricorrenze per contattare i clienti e far percepire la diversità. Un altro modo per coccolare i clienti e mantenere i contatti è quello di fare delle improvvisate, proprio come si fa con gli amici.

Mi spiego meglio. Sei in zona per degli appuntamenti e tra un appuntamento e l'altro hai un quarto d'ora di tempo: chiediti quali clienti hai in zona che non vedi da tempo e vai a suonare il loro campanello. Dì la verità: «Ero in zona, avevo un quarto d'ora di tempo e ho pensato di passare a trovarti per farti un saluto e sapere come stai». Esattamente come si fa con gli amici, senza chiedere nulla.

Ogni volta che in un quartiere dove operi concludi una trattativa, ricordati di mandare una cartolina a tutti i tuoi clienti della zona, attivi e inattivi, per condividere con loro il tuo successo: così facendo manterrai i contatti e aumenterai il livello di percezione di professionalità che il cliente ha di te. Sono queste le cose che permettono di trasformare un cliente classico in un cliente per la vita. Non c'è bisogno di inventarsi nulla di particolare: semplicemente, tratta gli altri come vorresti che trattassero te.

Viviamo nell'era della comunicazione: le multinazionali ci insegnano come il contatto ripetuto e la fidelizzazione del cliente siano alla base della proliferazione del business.

Ti basti pensare al fatto che ogni supermercato, bar, distributore di carburante o attività commerciale cerca di trattenere i clienti con tessere fedeltà, campagne premi con raccolte punti, tessere di sconti e similari. Noi possiamo utilizzare le stesse strategie prendendo solo il meglio della pratica commerciale.

Il mantenimento del contatto e la fidelizzazione del cliente devono diventare il tuo stile di vita. Devi identificarti nella persona che vuoi essere per i tuoi clienti ed esserlo sempre, con chiunque: così facendo farai affari senza nemmeno rendertene conto.

Il tuo lavoro principale deve diventare il mantenimento delle pubbliche relazioni. Effettivamente, se analizziamo attentamente l'attività del mediatore immobiliare, è proprio questo l'aspetto più importante. Sii sempre informato su quelle che sono le leggi e le modifiche alle normative in campo immobiliare.

Mantieni i contatti e fai in modo di arrivare ai clienti prima che siano passati da loro gli altri agenti immobiliari che operano in zona. Sii sempre professionale e attento alle esigenze delle persone. Distingui te stesso per onestà e dedizione.

SEGRETO n. 53: fai del tuo lavoro uno stile di vita. La tua attività principale deve essere la fidelizzazione dei clienti, il consolidamento dei contatti: così facendo creerai intorno a te il mercato ideale. I clienti arriveranno a te senza doverli cercare, saranno tutti clienti referenziati e avrai la sensazione di non essere mai al lavoro perché il lavoro è la tua naturale dimensione.

Sono queste caratteristiche che ti permetteranno di lavorare senza nemmeno rendertene conto. La consulenza al cliente deve diventare per te la prassi comune. Il servizio al cliente sarà per te la base di ogni tua attività. Devi arrivare al punto di perdere la sensazione di essere al lavoro. Quando avrai raggiunto un livello di attenzione alle persone tale da non fare più distinzione tra clienti e amici allora avrai raggiunto il livello che distingue i fuoriclasse dagli agenti tradizionali.

I fuoriclasse amano il proprio lavoro, lo fanno ovunque, in qualunque circostanza, sempre, perché sanno di offrire il miglior servizio possibile e non possono permettere a nessun cliente di affidarsi ad altri, perché riceverebbe un servizio inferiore.

Per i fuoriclasse il proprio lavoro è una missione e lo fanno con tutte le energie di cui dispongono, senza sentire il peso di lavorare molte ore perché il loro lavoro è il loro modo di vivere.

Vuoi essere questo genere di persona? Te la senti di impegnarti per raggiungere un livello di qualità e professionalità che ti porterà a essere una persona migliore nella vita, oltre che un professionista di successo apprezzato e stimato dai propri clienti?

Esperienza personale

Verbania, sul Lago Maggiore. Nel 2007 ho iniziato a lavorare in un ufficio nuovo. Ho scelto di applicare al massimo questa filosofia di vita, di stimolare al massimo le collaborazioni ponendomi nei confronti dei colleghi con la massima disponibilità e professionalità, partendo proprio dai colleghi per dedicarmi alle persone facendo allenamento per quando mi sarei confrontato con i clienti.

Successivamente, ho promosso la mia persona e la mia immagine come se fossero merce in vendita. Ho creato una particolare brochure di presentazione in cui l'oggetto della promozione sono io e i servizi che offro. Io sono al centro dell'attenzione: infatti ho capito che i clienti comprano me e la mia professionalità perché, in un settore dove c'è penuria di qualità, si tende a rivolgersi alla persona che maggiormente ha a cuore l'interesse del cliente.

Ho iniziato a considerare i clienti e a dar loro l'attenzione che meritano. Pur avendo lavorato già in passato secondo standard qualitativi elevati ho proprio deciso di fare della mia professione il mio modo di vivere, ho venduto la mia automobile e l'ho rimpiazzata con una Smart completamente allestita con i colori e il marchio della mia agenzia, con la mia fotografia in dimensioni reali sul lunotto posteriore, con i numeri di telefono dell'agenzia e personali, con i recapiti email e il mio sito personale in evidenza. Il messaggio che mando con il mio atteggiamento è molto chiaro, incisivo, coerente con le parole che dico.

Se sono interessato alle persone ed io sono la mia attività, allora avrò piacere a essere riconosciuto nel momento in cui mi muovo e mi sposto. Mi promuovo ovunque e in qualunque momento. Amo la mia professione e desidero che tutti sappiano chi sono e cosa faccio, dove trovarmi e come contattarmi.

All'inizio le critiche sono state abbastanza feroci, poi è subentrata la fase dell'approvazione. Oggi, a distanza di quindici mesi, alcuni colleghi hanno iniziato a copiare e a personalizzare il proprio mezzo di trasporto.

Essere pioniere in un settore dove si è in tanti ma il livello qualitativo è basso è un piacere e un onore. C'è molto da fare e molto da creare, c'è da creare la *cultura del cliente* e fare in modo che i colleghi si livellino al nostro standard qualitativo, obbligandoli a dare un servizio migliore per poter lavorare.

Invece oggi succede l'esatto contrario: tutti si livellano verso il basso. Poiché alcuni colleghi lavorano con scarsa professionalità si ha tendenza a dire che, se lo fanno loro lo può fare chiunque, con la conseguenza che, mediamente, gli agenti immobiliari sono visti come un costo aggiuntivo e non come un valore aggiunto.

Anche in questo caso la professione di agente immobiliare mi mostra l'estremo potenziale e le infinite possibilità di guadagnare e di distinguermi. In un mercato in cui la qualità professionale è molto bassa, per fare la differenza ci vuole pochissimo impegno:

la percezione di essere migliore e di offrire un servizio di qualità richiederà un impegno di gran lunga inferiore.

Quando invece tutti si saranno livellati su standard qualitativi elevati come succede, ad esempio, negli Stati Uniti o in Inghilterra, Olanda e Germania, allora bisognerà veramente essere allenati per differenziarsi. Ecco perché oggi, essendo io un pioniere, approfitto del basso livello per fare allenamento e per essere un passo avanti agli altri nel momento in cui il livello crescerà.

RIEPILOGO DEL GIORNO 7:

- SEGRETO n. 49: il lavoro di agente immobiliare si può svolgere ovunque, in qualunque momento. Più che strumenti, richiede preparazione e informazioni, e si colloca in un mercato di infinite opportunità perché ogni persona che incontri ha, ha avuto o avrà esigenze abitative.
- SEGRETO n. 50: gli americani, che nel marketing sono maestri, ci mostrano la strada. Infatti, i migliori agenti immobiliari degli Stati Uniti sviluppano il proprio business esclusivamente promuovendo se stessi, dedicando tutte le proprie risorse al mantenimento dei contatti, principalmente quelli inattivi, perché ogni cliente è fonte di segnalazioni.
- SEGRETO n. 51: hai investito tempo e risorse per conquistare la fiducia del cliente in fase di qualificazione, gli hai trasmesso che, prima ancora che come cliente, ti interessa come persona. Se dopo la conclusione dell'affare ti dimentichi di lui il tuo atteggiamento sarà incoerente con le tue parole. La fase più delicata, oltre che più redditizia, è proprio la tutela del contatto dopo la fine della compravendita.
- SEGRETO n. 52: a tutti piace fare bella figura e saper consigliare ad altre persone come risolvere i problemi. Se offri

un servizio anche dopo il rogito i tuoi clienti ti raccomanderanno per far bella figura con le persone alle quali ti hanno presentato, perché hai già risolto i loro di problemi e il servizio che offri è di elevata qualità.

- SEGRETO n. 53: fai del tuo lavoro uno stile di vita. La tua attività principale deve essere la fidelizzazione dei clienti, il consolidamento dei contatti: così facendo creerai intorno a te il mercato ideale. I clienti arriveranno a te senza doverli cercare, saranno tutti clienti referenziati e avrai la sensazione di non essere mai al lavoro perché il lavoro è la tua naturale dimensione.

Conclusione

Complimenti! Sei arrivato sino a questo punto! Come ti senti? Hai appreso le informazioni che ti servivano per dare una svolta alla tua carriera? Vero che hai già sperimentato alcuni dei suggerimenti?

Forse leggendo le pagine precedenti avrai avuto l'impressione che sia tutto semplice: effettivamente non c'è nulla di impossibile. Tuttavia, non ti illudere: per ottenere risultati concreti ci vogliono l'impegno, la dedizione e tanto allenamento. Devono cambiare il tuo modo di pensare e il tuo atteggiamento.

Ricordati sempre che la mente umana è restia ai cambiamenti. Per modificare così radicalmente il tuo approccio alla professione avrai bisogno di tanta determinazione, di obiettivi chiari, mete precise da raggiungere, solida volontà, strategie chiare e pianificate nei dettagli.

Spesso ti chiederai se certe cose funzionano oppure no. Talvolta vorrai persino mollare. Il consiglio è: perseverare. Abituati sin da subito a modificare il tuo approccio alla vita lavorativa. Fai una scaletta di tutte le attività che hai trovato interessanti e che ritieni di poter mettere in pratica.

Ordinale per importanza e comincia a mettere in pratica le prime due. Dopo che queste saranno diventate per te automatiche, aggiungi la terza e quando anche quest'ultima diverrà di uso comune, aggiungi la successiva. E così via.

In questo modo aumenterai progressivamente le tue qualità e acquisirai metodi e strategie senza fare cambiamenti troppo bruschi. Anche il pasto luculliano va degustato boccone dopo boccone: così anche i cambiamenti nella tua vita devono essere progressivi.

Tentare di stravolgere tutto cambiando radicalmente avrebbe risultati disastrosi. Faresti tutto mediocremente e non otterresti i risultati prefissati; inizieresti a dubitare del metodo e a breve ti ritroveresti a fare le cose che facevi prima.

Hai fatto un investimento leggendo questo manuale: fai in modo che possa essere per te la strada verso il miglioramento personale e una qualità di vita più soddisfacente. Lascia che il cambiamento arrivi dall'interno e che sia graduale, che ti permetta di assaporare a pieno tutti i passaggi intermedi.

Nel viaggio della vita, il suo incanto deriva dal godersi il cammino nel pieno della sua magnificenza. Evita di arrivare al termine della tua esistenza scoprendo di aver avuto solo l'illusione di vivere. Vivi a pieno ogni giorno la tua vita, scoprendo di aver goduto di ogni istante.

Il mio augurio è che tu possa rendere la tua professione il modo di vivere e che ogni mattina al risveglio ti invada la voglia di correre in ufficio, perché ci sono tante persone che hanno bisogno della tua assistenza.

www.ingramcontent.com/pod-product-compliance
Ingram Content Group UK Ltd.
Pitfield, Milton Keynes, MK11 3LW, UK
UKHW022023190726
13853UKWH00005B/2087

9 788861 74148